SOBRE FOTOGRAFIA

SUSAN SONTAG

Sobre fotografia

Tradução
Rubens Figueiredo

16ª reimpressão

Companhia Das Letras

Copyright © 1973, 1974, 1977 by Susan Sontag
Este livro foi publicado originalmente em 1977, nos Estados Unidos,
pela Farrar, Straus & Giroux

*Grafia atualizada segundo o Acordo Ortográfico da Língua Portuguesa de 1990,
que entrou em vigor no Brasil em 2009.*

Título original
On photography

Capa
Angelo Venosa

Foto de capa
Fotógrafo americano anônimo (c. 1850). /
Coleção Virginia Cuthbert Elliot, Buffalo, Nova York

Preparação
Otacílio Nunes Jr.

Revisão
Denise Pessoa
Ana Maria Barbosa

Atualização ortográfica
Página Viva

Dados Internacionais de Catalogação na Publicação (CIP)
(Câmara Brasileira do Livro, SP, Brasil)

Sontag, Susan, 1933-2004
    Sobre fotografia / Susan Sontag ; tradução Rubens Figueiredo.
— 1ª ed. — São Paulo : Companhia das Letras, 2004.

    Título original: On photography.
    Bibliografia
    ISBN 978-85-359-0496-3

    1. Arte e fotografia 2. Fotografia 3. Fotografia artística
I. Título.

04-2341   CDD-770.1

Índice para catálogo sistemático:
1. Fotografia : Filosofia e teoria   770.1

Todos os direitos desta edição reservados à
EDITORA SCHWARCZ S.A.
Rua Bandeira Paulista 702 cj. 32
04532-002 — São Paulo — SP
Telefone: (11) 3707 3500
www.companhiadasletras.com.br
www.blogdacompanhia.com.br
facebook.com/companhiadasletras
instagram.com/companhiadasletras
twitter.com/cialetras

Para Nicole Stéphane

Tudo começou com um ensaio — sobre alguns dos problemas, estéticos e morais, propostos pela onipresença das imagens fotográficas; mas, quanto mais eu pensava sobre o que são as fotos, mais complexas e sugestivas elas se tornavam. Assim, um ensaio engendrava outro, e este (para meu espanto), ainda um outro, e assim sucessivamente — uma sequência de ensaios a respeito do significado e da evolução das fotos — até eu ter ido tão longe que o argumento esboçado no primeiro ensaio, e documentado e explorado por meio de digressões nos ensaios seguintes, pôde ser retomado e ampliado de um modo mais teórico; e pôde parar.

Os ensaios foram publicados, pela primeira vez (de um modo um pouco diferente), na New York Review of Books *e talvez jamais tivessem sido escritos sem o estímulo dos editores, meus amigos Robert Silvers e Barbara Epstein, à minha obsessão pela fotografia. Sou grata a eles e ao meu amigo Don Eric Levine pelos conselhos pacientes e pela ajuda irrestrita.*

S. S.

Maio, 1977

Sumário

Na caverna de Platão 11

Estados Unidos, visto em fotos, de um ângulo sombrio 37

Objetos de melancolia 63

O heroísmo da visão 99

Evangelhos fotográficos 129

O mundo-imagem 167

Breve antologia de citações 197

NA CAVERNA DE PLATÃO

A humanidade permanece, de forma impenitente, na caverna de Platão, ainda se regozijando, segundo seu costume ancestral, com meras imagens da verdade. Mas ser educado por fotos não é o mesmo que ser educado por imagens mais antigas, mais artesanais. Em primeiro lugar, existem à nossa volta muito mais imagens que solicitam nossa atenção. O inventário teve início em 1839, e, desde então, praticamente tudo foi fotografado, ou pelo menos assim parece. Essa insaciabilidade do olho que fotografa altera as condições do confinamento na caverna: o nosso mundo. Ao nos ensinar um novo código visual, as fotos modificam e ampliam nossas ideias sobre o que vale a pena olhar e sobre o que temos o direito de observar. Constituem uma gramática e, mais importante ainda, uma ética do ver. Por fim, o resultado mais extraordinário da atividade fotográfica é nos dar a sensação de que podemos reter o mundo inteiro em nossa cabeça — como uma antologia de imagens.

Colecionar fotos é colecionar o mundo. Filmes e programas de televisão iluminam paredes, reluzem e se apagam; mas, com fotos, a imagem é também um objeto, leve, de produção barata, fácil de transportar, de acumular, de armazenar. No filme *Les carabiniers* (1963), de Godard, dois lúmpen-camponeses preguiçosos são induzidos a ingressar no Exército do rei mediante a promessa de que poderão saquear, estuprar, matar ou fazer o que bem entenderem com os inimigos, e ficar ricos. Mas a mala com o butim que Michel-Ange e Ulysse trazem, em triunfo, para casa, anos depois, para suas esposas, contém apenas centenas de cartões-postais de monumentos, de lojas de departamentos, de mamíferos, de maravilhas da natureza, de meios de transporte, de obras de arte e de outros tesouros catalogados de todo o mundo. O chiste de Godard parodia, nitidamente, a magia equívoca da imagem fotográfica. As fotos são, talvez, os mais misteriosos de todos os objetos que compõem e adensam o ambiente que identificamos como moderno. As fotos são, de fato, experiência capturada, e a câmera é o braço ideal da consciência, em sua disposição aquisitiva.

Fotografar é apropriar-se da coisa fotografada. Significa pôr a si mesmo em determinada relação com o mundo, semelhante ao conhecimento — e, portanto, ao poder. Supõe-se que uma queda primordial — e malvista, hoje em dia — na alienação, a saber, acostumar as pessoas a resumir o mundo na forma de palavras impressas, tenha engendrado aquele excedente de energia fáustica e de dano psíquico necessário para construir as modernas sociedades inorgânicas. Mas a imprensa parece uma forma menos traiçoeira de dissolver o mundo, de transformá-lo em um objeto mental, do que as imagens fotográficas, que fornecem a maior parte do conhecimento que se possui acerca do aspecto do passado e do alcance do presente. O que está escrito sobre uma pessoa ou um fato é, declaradamente, uma interpretação, do mesmo modo que as manifestações visuais feitas à mão, como pinturas e desenhos. Imagens fotografadas não parecem manifestações a respeito do mundo, mas sim pedaços dele, miniaturas da realidade que qualquer um pode fazer ou adquirir.

As fotos, que brincam com a escala do mundo, são também reduzidas, ampliadas, recortadas, retocadas, adaptadas, adulteradas. Elas envelhecem, afetadas pelas mazelas habituais dos objetos de papel; desaparecem; tornam-se valiosas e são vendidas e compradas; são reproduzidas. Fotos, que enfeixam o mundo, parecem solicitar que as enfeixemos também. São afixadas em álbuns, emolduradas e expostas em mesas, pregadas em paredes, projetadas como diapositivos. Jornais e revistas as publicam; a polícia as dispõe em ordem alfabética; os museus as expõem; os editores as compilam.

Durante muitas décadas, o livro foi o mais influente meio de organizar (e, em geral, miniaturizar) fotos, assegurando desse modo sua longevidade, se não sua imortalidade — fotos são objetos frágeis, fáceis de rasgar e de extraviar —, e um público mais amplo. A foto em um livro é, obviamente, a imagem de uma imagem. Mas como é, antes de tudo, um objeto impresso, plano, uma foto, quando reproduzida em um livro, perde muito menos de sua característica essencial do que ocorre com uma pintura. Contudo, o livro não é um instrumento plenamente satisfatório para pôr grupos de fotos em ampla circulação. A sequência em que as fotos devem ser vistas está sugerida pela ordem das páginas, mas nada constrange o leitor a seguir a ordem recomendada, nem indica o tempo a ser gasto em cada foto. O filme *Si j'avais quatre dromadaires* (1966), de Chris Maker, uma reflexão argutamente orquestrada sobre fotos de todos os tipos e temas, sugere um modo mais sutil e mais rigoroso de enfeixar (e ampliar) fotos. Tanto a ordem como o tempo exato para olhar cada foto são impostos; e há um ganho em termos de legibilidade visual e impacto emocional. Mas fotos transcritas em um filme deixam de ser objetos colecionáveis, como ainda são quando oferecidas em livros.

* * *

Fotos fornecem um testemunho. Algo de que ouvimos falar mas de que duvidamos parece comprovado quando nos mostram uma foto. Numa das versões da sua utilidade, o registro da câmera incrimina. Depois de inaugurado seu uso pela polícia parisiense, no cerco aos *communards*, em junho de 1871, as fotos tornaram-se uma útil ferramenta dos Estados modernos na vigilância e no controle de suas populações cada vez mais móveis. Numa outra versão de sua utilidade, o registro da câmera justifica. Uma foto equivale a uma prova incontestável de que determinada coisa aconteceu. A foto pode distorcer; mas sempre existe o pressuposto de que algo existe, ou existiu, e era semelhante ao que está na imagem. Quaisquer que sejam as limitações (por amadorismo) ou as pretensões (por talento artístico) do fotógrafo individual, uma foto — qualquer foto — parece ter uma relação mais inocente, e portanto mais acurada, com a realidade visível do que outros objetos miméticos. Os virtuoses da imagem nobre, como Alfred Stieglitz e Paul Strand, que compuseram fotos de grande força, e inesquecíveis durante décadas, ainda tencionavam, antes de tudo, mostrar algo "que existe", assim como o dono de uma Polaroid, para quem as fotos são uma forma prática e rápida de tomar notas, ou o fotógrafo compulsivo com sua Brownie que tira instantâneos como suvenires da vida cotidiana.

Enquanto uma pintura ou uma descrição em prosa jamais podem ser outra coisa que não uma interpretação estritamente seletiva, pode-se tratar uma foto como uma transparência estritamente seletiva. Porém, apesar da presunção de veracidade que confere autoridade, interesse e sedução a todas as fotos, a obra que os fotógrafos produzem não constitui uma exceção genérica ao comércio usualmente nebuloso entre arte e verdade. Mesmo quando os fotógrafos estão muito mais preocupados em espelhar a realidade, ainda são assediados por imperativos de gosto e de consciência. Os componentes imensamente talentosos do projeto fotográfico do final da década de 1930 chamado Contribuição para a Segurança no Trabalho nas Fazendas (entre os quais estavam Walker Evans, Dorothea Lange, Ben Shahn, Russel Lee) tiravam inúmeras fotos frontais de um de seus meeiros até se convencerem de que haviam captado no filme a feição exata — a expressão precisa do rosto da figura fotografada, capaz de amparar suas próprias ideias sobre pobreza, luz, dignidade, textura, exploração e geometria. Ao decidir que aspecto deveria ter uma imagem, ao preferir uma exposição a outra, os fotógrafos sempre impõem padrões a seus temas. Embora em certo sentido a câmera de fato capture a realidade, e não apenas a interprete, as fotos são uma interpretação do mundo tanto quanto as pinturas e os desenhos. Aquelas ocasiões em que tirar fotos é relativamente imparcial, indiscriminado e desinteressado não reduzem o didatismo da atividade em seu todo. Essa mesma passividade — e ubiquidade — do registro fotográfico constitui a "mensagem" da fotografia, sua agressão.

Imagens que idealizam (a exemplo da maioria das fotografias de moda e de animais) não são menos agressivas do que obras que fazem da banalidade uma virtude (como fotos de turmas escolares, naturezas-mortas do tipo mais árido e retratos de frente e de perfil de um criminoso). Existe uma agressão implícita em qualquer emprego da câmera. Isso está tão evidente nas duas primeiras décadas gloriosas da fotografia, 1840 e 1850, quanto em todas as décadas seguintes, durante as quais a tecnologia permitiu uma difusão sempre crescente da mentalidade que encara o mundo como uma coleção de fotos potenciais. Mesmo para mestres tão pioneiros como David Octavius Hill e Julia Margaret Cameron, que usavam a câmera como um meio de obter imagens à maneira de um pintor, o intuito de tirar fotos situava-se a uma grande distância dos propósitos dos pintores. Desde o seu início, a fotografia implicava a captura do maior número possível de temas. A pintura jamais teve um objetivo tão imperioso. A subsequente industrialização da tecnologia da câmera apenas cumpriu uma promessa inerente à fotografia, desde o seu início: democratizar todas as experiências ao traduzi-las em imagens.

Aquela época em que tirar fotos demandava um aparato caro e complicado — o passatempo dos hábeis, dos ricos e dos obsessivos — parece, de fato, distante da era das cômodas câmeras de bolso que convidam qualquer um a tirar fotos. As primeiras câmeras, feitas na França e na Inglaterra no início da década de 1840, só contavam com os inventores e os aficionados para operá-las. Uma vez que, na época, não existiam fotógrafos profissionais, não poderia tampouco haver amadores, e tirar fotos não tinha nenhuma utilidade social clara; tratava-se de uma atividade gratuita, ou seja, artística, embora com poucas pretensões a ser uma arte. Foi apenas com a industrialização que a fotografia adquiriu a merecida reputação de arte. Assim como a industrialização propiciou os usos sociais para as atividades do fotógrafo, a reação contra esses usos reforçou a consciência da fotografia como arte.

Em época recente, a fotografia tornou-se um passatempo quase tão difundido quanto o sexo e a dança — o que significa que, como toda forma de arte de massa, a fotografia não é praticada pela maioria das pessoas como uma arte. É sobretudo um rito social, uma proteção contra a ansiedade e um instrumento de poder.

Comemorar as conquistas de indivíduos tidos como membros da família (e também de outros grupos) é o uso popular mais antigo da fotografia. Durante pelo menos um século a foto de casamento foi uma parte da cerimônia tanto quanto as fórmulas verbais prescritas. As câmeras acompanham a vida da família. Segundo um estudo sociológico feito na França, a maioria das casas tem uma câmera, mas as casas em que há crianças têm uma probabilidade duas vezes maior de ter pelo menos uma câmera, em comparação com as casas sem crianças. Não tirar fotos dos filhos, sobretudo quando pequenos, é sinal de indiferença paterna, assim como não comparecer à foto de formatura é um gesto de rebeldia juvenil.

Por meio de fotos, cada família constrói uma crônica visual de si mesma — um conjunto portátil de imagens que dá testemunho da sua coesão. Pouco importam as atividades fotografadas, contanto que as fotos sejam tiradas e estimadas. A fotografia se torna um rito da vida em família exatamente quando, nos países em industrialização na Europa e na América, a própria instituição da família começa a sofrer uma reformulação radical. Ao mesmo tempo que essa unidade claustrofóbica, a família nuclear, era talhada de um bloco familiar muito maior, a fotografia se desenvolvia para celebrar, e reafirmar simbolicamente, a continuidade ameaçada e a decrescente amplitude da vida familiar. Esses vestígios espectrais, as fotos, equivalem à presença simbólica dos pais que debandaram. Um álbum de fotos de família é, em geral, um álbum sobre a família ampliada — e, muitas vezes, tudo o que dela resta.

Assim como as fotos dão às pessoas a posse imaginária de um passado irreal, também as ajudam a tomar posse de um espaço em que se acham inseguras. Assim, a fotografia desenvolve-se na esteira de uma das atividades modernas mais típicas: o turismo. Pela primeira vez na história, pessoas viajam regularmente, em grande número, para fora de seu ambiente habitual, durante breves períodos. Parece decididamente anormal viajar por prazer sem levar uma câmera. As fotos oferecerão provas incontestáveis de que a viagem se realizou, de que a programação foi cumprida, de que houve diversão. As fotos documentam sequências de consumo realizadas longe dos olhos da família, dos amigos, dos vizinhos. Mas a dependência da câmera, como o equipamento que torna real aquilo que a pessoa vivencia, não se enfraquece quando as pessoas viajam mais. Para os sofisticados que acumulam fotos-troféus de sua viagem de navio rio acima pelo Nilo, até o lago Alberto, ou de seus catorze dias na China, tirar fotos preenche a mesma necessidade dos veranistas de classe média baixa que fotografam a torre Eiffel ou as cataratas do Niágara.

Um modo de atestar a experiência, tirar fotos é também uma forma de recusá-la — ao limitar a experiência a uma busca do fotogênico, ao converter a experiência em uma imagem, um suvenir. Viajar se torna uma estratégia de acumular fotos. A própria atividade de tirar fotos é tranquilizante e mitiga sentimentos gerais de desorientação que podem ser exacerbados pela viagem. Os turistas, em sua maioria, sentem-se compelidos a pôr a câmera entre si mesmos e tudo de notável que encontram. Inseguros sobre suas reações, tiram uma foto. Isso dá forma à experiência: pare, tire uma foto e vá em frente. O método atrai especialmente pessoas submetidas a uma ética cruel de trabalho — alemães, japoneses e americanos. Usar uma câmera atenua a angústia que pessoas submetidas ao imperativo do trabalho sentem por não trabalhar enquanto estão de férias, ocasião em que deveriam divertir-se. Elas têm algo a fazer que é uma imitação amigável do trabalho: podem tirar fotos.

Pessoas despojadas de seu passado parecem redundar nos mais fervorosos tiradores de fotos, em seu país e no exterior. Todos que vivem numa sociedade industrializada são gradualmente obrigados a desistir do passado, mas em certos países, como Estados Unidos e Japão, a ruptura com o passado foi especialmente traumática. No início da década de 1970, a lenda do turista americano atrevido, dos anos 50 e 60, cheio de dólares e de vulgaridade, foi substituída pelo mistério do turista japonês, que se locomove em grupos, recentemente liberto de sua ilha-prisão graças ao milagre do iene sobrevalorizado, em geral munido de duas câmeras, uma em cada lado do corpo.

A fotografia tornou-se um dos principais expedientes para experimentar alguma coisa, para dar uma aparência de participação. Um anúncio de página inteira mostra um pequeno grupo de pessoas de pé, apertadas umas contra as outras, olhando para fora da foto, e todas, exceto uma, parecem espantadas, empolgadas, aflitas. O único que tem uma expressão diferente segura uma câmera junto ao olho; ele parece seguro de si, quase sorrindo. Enquanto os demais são espectadores passivos, nitidamente alarmados, ter uma câmera transformou uma pessoa em algo ativo, um *voyeur*: só ele dominou a situação. O que veem essas pessoas? Não sabemos. E não importa. É um Evento: algo digno de se ver — e portanto digno de se fotografar. O texto do anúncio, letras brancas ao longo da faixa escura que corresponde ao terço inferior da foto, como notícias que chegam por uma máquina de teletipo, consiste em apenas seis palavras: "... Praga... Woodstock... Vietnã... Sapporo... Londonderry... LEICA". Esperanças esmagadas, farras de jovens, guerras coloniais e esportes de inverno são semelhantes — igualados pela câmera. Tirar fotos estabeleceu uma relação voyeurística crônica com o mundo, que nivela o significado de todos os acontecimentos.

Uma foto não é apenas o resultado de um encontro entre um evento e um fotógrafo; tirar fotos é um evento em si mesmo, e dotado dos direitos mais categóricos — interferir, invadir ou ignorar, não importa o que estiver acontecendo. Nosso próprio senso de situação articula-se, agora, pelas intervenções da câmera. A onipresença de câmeras sugere, de forma persuasiva, que o tempo consiste em eventos interessantes, eventos dignos de ser fotografados. Isso, em troca, torna fácil sentir que qualquer evento, uma vez em curso, e qualquer que seja seu caráter moral, deve ter caminho livre para prosseguir até se completar — de modo que outra coisa possa vir ao mundo: a foto. Após o fim do evento, a foto ainda existirá, conferindo ao evento uma espécie de imortalidade (e de importância) que de outro modo ele jamais desfrutaria. Enquanto pessoas reais estão no mundo real matando a si mesmas ou matando outras pessoas reais, o fotógrafo se põe atrás de sua câmera, criando um pequeno elemento de outro mundo: o mundo-imagem, que promete sobreviver a todos nós.

Fotografar é, em essência, um ato de não intervenção. Parte do horror de lances memoráveis do fotojornalismo contemporâneo, como a foto do monge vietnamita que segura uma lata de gasolina, a de um guerrilheiro bengali no instante em que golpeia com a baioneta um traidor amarrado, decorre da consciência de que se tornou aceitável, em situações em que o fotógrafo tem de escolher entre uma foto e uma vida, opta pela foto. A pessoa que interfere não pode registrar; a pessoa que registra não pode interferir. O famoso filme de Dziga Viértov, *Um homem com uma câmera* (1929), oferece a imagem ideal do fotógrafo como alguém em perpétuo movimento, alguém que se desloca em um panorama de eventos díspares com tamanha agilidade e rapidez que qualquer intervenção está fora de questão. *Janela indiscreta* (1954), de Hitchcock, oferece a imagem complementar: o fotógrafo representado por James Stewart tem uma relação intensificada com determinado evento, por meio da sua câmera, justamente porque está com a perna quebrada e confinado a uma cadeira de rodas; estar temporariamente imobilizado o impede de agir sobre aquilo que vê e torna ainda mais importante tirar fotos. Mesmo que incompatível com a intervenção, num sentido físico, usar uma câmera é ainda uma forma de participação. Embora a câmera seja um posto de observação, o ato de fotografar é mais do que uma observação passiva. A exemplo do voyeurismo sexual, é um modo de, pelo menos tacitamente, e não raro explicitamente, estimular o que estiver acontecendo a continuar a acontecer. Tirar uma foto é ter um interesse pelas coisas como elas são, pela permanência do *status quo* (pelo menos enquanto for necessário para tirar uma "boa" foto), é estar em cumplicidade com o que quer que torne um tema interessante e digno de se fotografar — até mesmo, quando for esse o foco de interesse, com a dor e a desgraça de outra pessoa.

"Sempre pensei em fotografia como uma maldade — e esse era um de seus pontos prediletos, para mim", escreveu Diane Arbus, "e quando fotografei pela primeira vez, me senti muito perversa." Ser um fotógrafo profissional pode ser encarado como algo maldoso, para usar o termo de Darbus, se o fotógrafo procura temas considerados indecorosos, tabus, marginais. Mas temas maldosos são mais difíceis de encontrar hoje em dia. E o que vem a ser, exatamente, o aspecto perverso de tirar fotos? Se os fotógrafos profissionais têm, muitas vezes, fantasias sexuais quando estão atrás da câmera, talvez a perversão resida no fato de que essas fantasias sejam, ao mesmo tempo, plausíveis e muito impróprias. Em *Blow up* (*Depois daquele beijo*)(1966), Antonioni leva um fotógrafo de moda a rondar convulsivamente em torno do corpo de Veruchca, com a câmera a clicar. Maldade, de fato! Com efeito, usar uma câmera não é um modo muito bom de aproximar-se sexualmente de alguém. Entre o fotógrafo e seu tema, tem de haver distância. A câmera não estupra, nem mesmo possui, embora possa atrever-se, intrometer-se, atravessar, distorcer, explorar e, no extremo da metáfora, assassinar — todas essas atividades que, diferentemente do sexo propriamente dito, podem ser levadas a efeito à distância e com certa indiferença.

Existe uma fantasia sexual muito mais forte no extraordinário filme de Michael Powell intitulado *A tortura do medo* (1960), que não trata de um *voyeur*, como o título sugere, mas de um psicopata que mata mulheres com uma arma oculta em sua câmera, enquanto as fotografa. Ele não encosta nem uma vez em seus temas. Não deseja seus corpos; quer a presença delas na forma de imagens em filme — as imagens que as mostram experimentando a própria morte —, que ele projeta numa tela, em casa, para seu prazer solitário. O filme supõe uma ligação entre impotência e agressão, entre o olhar profissionalizado e a crueldade, que aponta para a fantasia central, ligada à câmera. A câmera como falo é, no máximo, uma débil variante da metáfora inevitável que todos empregam de modo desinibido. Por mais que seja nebulosa nossa consciência dessa fantasia, ela é mencionada sem sutileza toda vez que falamos em "carregar" e "mirar" a câmera, em "disparar" a foto.

A câmera de modelo antigo era mais difícil e mais complicada de recarregar do que um mosquete Bess. A câmera moderna tenta ser uma arma de raios. Diz um anúncio:

> A Yashica Electro-35 GT é a câmera da era espacial que sua família vai adorar. Tira fotos lindas, de dia ou de noite. Automaticamente. Sem nenhuma complicação. É só mirar, focalizar e disparar. O cérebro eletrônico da GT e seu obturador eletrônico farão o resto.

Tal qual um carro, uma câmera é vendida como arma predatória — o mais automatizada possível, pronta para disparar. O gosto popular espera uma tecnologia fácil e invisível. Os fabricantes garantem a seus clientes que tirar fotos não requer nenhuma habilidade ou conhecimento especializado, que a máquina já sabe tudo e obedece à mais leve pressão da vontade. É tão simples como virar a chave de ignição ou puxar o gatilho.

Como armas e carros, as câmeras são máquinas de fantasia cujo uso é viciante. Porém, apesar das extravagâncias da linguagem comum e da publicidade, não são letais. Na hipérbole que vende carros como se fossem armas, existe pelo menos esta parcela de verdade: exceto em tempo de guerra, os carros matam mais pessoas do que as armas. A câmera/arma não mata, portanto a metáfora agourenta parece não passar de um blefe — como a fantasia masculina de ter uma arma, uma faca ou uma ferramenta entre as pernas. Ainda assim, existe algo predatório no ato de tirar uma foto. Fotografar pessoas é violá-las, ao vê-las como elas nunca se veem, ao ter delas um conhecimento que elas nunca podem ter; transforma as pessoas em objetos que podem ser simbolicamente possuídos. Assim como a câmera é uma sublimação da arma, fotografar alguém é um assassinato sublimado — um assassinato brando, adequado a uma época triste e assustada.

No fim, as pessoas talvez aprendam a encenar suas agressões mais com câmeras do que com armas, porém o preço disso será um mundo ainda mais afogado em imagens. Um caso em que as pessoas estão mudando de balas para filmes é o safári fotográfico, que está tomando o lugar do safári na África oriental. Os caçadores levam Hasselblads em vez de Winchesters; em vez de olhar por uma mira telescópica a fim de apontar um rifle, olham através de um visor para enquadrar uma foto. Na Londres do final do século XIX, Samuel Butler se queixava de que havia "um fotógrafo em cada arbusto, rondando como um leão feroz, em busca de alguém que possa devorar". O fotógrafo, agora, ataca feras reais, sitiadas e raras demais para serem mortas. As armas se metamorfosearam em câmeras nessa comédia séria, o safári ecológico, porque a natureza deixou de ser o que sempre fora — algo de que as pessoas precisavam se proteger. Agora, a natureza — domesticada, ameaçada, mortal — precisa ser protegida das pessoas. Quando temos medo, atiramos, mas quando ficamos nostálgicos, tiramos fotos.

A época atual é de nostalgia, e os fotógrafos fomentam, ativamente, a nostalgia. A fotografia é uma arte elegíaca, uma arte crepuscular. A maioria dos temas fotografados tem, justamente em virtude de serem fotografados, um toque de *páthos*. Um tema feio ou grotesco pode ser comovente porque foi honrado pela atenção do fotógrafo. Um tema belo pode ser objeto de sentimentos pesarosos porque envelheceu ou decaiu ou não existe mais. Todas as fotos são *memento mori*. Tirar uma foto é participar da mortalidade, da vulnerabilidade e da mutabilidade de outra pessoa (ou coisa). Justamente por cortar uma fatia desse momento e congelá-la, toda foto testemunha a dissolução implacável do tempo.

As câmeras começaram a duplicar o mundo no momento em que a paisagem humana passou a experimentar um ritmo vertiginoso de transformação: enquanto uma quantidade incalculável de formas de vida biológicas e sociais é destruída em um curto espaço de tempo, um aparelho se torna acessível para registrar aquilo que está desaparecendo. A melancólica Paris, de textura intricada, de Atget e Brassai, desapareceu em sua maior parte. A exemplo dos parentes e amigos mortos, preservados no álbum de família, cuja presença em fotos exorciza uma parte da angústia e do remorso inspirados por seu desaparecimento, as fotos dos arrabaldes agora devastados, das regiões rurais desfiguradas e arrasadas, suprem nossa relação portátil com o passado.

Uma foto é tanto uma pseudopresença quanto uma prova de ausência. Como o fogo da lareira num quarto, as fotos — sobretudo as de pessoas, de paisagens distantes e de cidades remotas, do passado desaparecido — são estímulos para o sonho. O sentido do inatingível que pode ser evocado por fotos alimenta, de forma direta, sentimentos eróticos nas pessoas para quem a desejabilidade é intensificada pela distância. A foto do amante escondida na carteira de uma mulher casada, o cartaz de um astro do rock pregado acima da cama de um adolescente, o broche de campanha, com o rosto de um político, pregado ao paletó de um eleitor, as fotos dos filhos de um motorista de táxi coladas no painel do carro — todos esses usos talismânicos das fotos exprimem uma emoção sentimental e um sentimento implicitamente mágico: são tentativas de contatar ou de pleitear outra realidade.

As fotos podem incitar o desejo da maneira mais direta e utilitária — como quando uma pessoa coleciona fotos de exemplos anônimos do desejável com o fim de ajudar a masturbação. O assunto é mais complexo quando as fotos são usadas para estimular o impulso moral. O desejo não tem história — pelo menos ele é experimentado, em cada momento, como algo totalmente em primeiro plano, imediato. É suscitado por meio de arquétipos e é, nesse sentido, abstrato. Mas os sentimentos morais estão embutidos na história, cujos personagens são concretos, cujas situações são sempre específicas. Assim, regras quase opostas são válidas quando se trata do emprego das fotos para despertar o desejo e para despertar a consciência. As imagens que mobilizam a consciência estão sempre ligadas a determinada situação histórica. Quanto mais genéricas forem, menor a probabilidade de serem eficazes.

Uma foto que traz notícias de uma insuspeitada região de miséria não pode deixar marca na opinião pública, a menos que exista um contexto apropriado de sentimento e de atitude. As fotos tiradas por Mathew Brady e seus colegas dos horrores nos campos de batalha não diminuíram em nada o entusiasmo das pessoas para levar adiante a Guerra Civil. As fotos de prisioneiros esqueléticos e esfarrapados em Andersonville inflamaram a opinião pública dos nortistas — contra o Sul. (O efeito das fotos de Andersonville talvez se deva, em parte, à própria novidade que era, na época, ver fotos.) A compreensão política a que muitos americanos haviam chegado na década de 1960 lhes permitiu, ao olhar para as fotos, tiradas por Dorothea Lange, de descendentes de japoneses sendo transportados para campos de prisioneiros na costa oeste dos Estados Unidos em 1942, reconhecer qual era de fato o tema das fotos — um crime cometido pelo governo contra um grupo numeroso de cidadãos americanos. Poucas pessoas que viram essas fotos na década de 1940 poderiam ter uma reação tão inequívoca; o espaço para tal julgamento estava ocupado pelo consenso a favor da guerra. Fotos não podem criar uma posição moral, mas podem reforçá-la — e podem ajudar a desenvolver uma posição moral ainda embrionária.

Fotos podem ser mais memoráveis do que imagens em movimento porque são uma nítida fatia do tempo, e não um fluxo. A televisão é um fluxo de imagens pouco selecionadas, em que cada imagem cancela a precedente. Cada foto é um momento privilegiado, convertido em um objeto diminuto que as pessoas podem guardar e olhar outras vezes. Fotos como a que esteve na primeira página de muitos jornais do mundo em 1972 — uma criança sul-vietnamita nua, que acabara de ser atingida por napalm americano, correndo por uma estrada na direção da câmera, de braços abertos, gritando de dor — provavelmente contribuíram mais para aumentar o repúdio público contra a guerra do que cem horas de barbaridades exibidas pela televisão.

Seria bom imaginar que o público americano não teria se mostrado tão unânime em seu apoio à Guerra da Coreia se tivesse deparado com provas fotográficas da devastação da Coreia, um ecocídio e um genocídio, em certos aspectos, ainda mais completo do que o infligido ao Vietnã uma década depois. Mas a suposição é irrelevante. O público não viu tais fotos porque não havia, ideologicamente, espaço para elas. Ninguém trouxe para sua terra natal fotos da vida cotidiana em Pionguiang, para mostrar que o inimigo tinha um rosto humano, a exemplo das fotos que Felix Greene e Marc Riboud trouxeram de Hanói. Os americanos tiveram acesso a fotos do sofrimento dos vietnamitas (muitas delas vinham de fontes militares e foram tiradas com intuitos bem diferentes) porque os jornalistas sentiam-se respaldados em seus esforços para obter tais fotos, visto que o evento fora definido por um número significativo de pessoas como uma feroz guerra colonialista. A Guerra da Coreia foi entendida de outra forma — como parte da justa luta do Mundo Livre contra a União Soviética e a China —, e, admitida essa caracterização, as fotos da crueldade do ilimitado poder de fogo americano não seriam pertinentes.

Embora um evento tenha passado a significar, exatamente, algo digno de se fotografar, ainda é a ideologia (no sentido mais amplo) que determina o que constitui um evento. Não pode existir nenhuma prova, fotográfica ou de outro tipo, de um evento antes que o próprio evento tenha sido designado e caracterizado como tal. E jamais é a prova fotográfica que pode construir — mais exatamente, identificar — os eventos; a contribuição da fotografia sempre vem após a designação de um evento. O que determina a possibilidade de ser moralmente afetado por fotos é a existência de uma consciência política apropriada. Sem uma visão política, as fotos do matadouro da história serão, muito provavelmente, experimentadas apenas como irreais ou como um choque emocional desorientador.

A natureza do sentimento, até de ofensa moral, que as pessoas podem manifestar em reação a fotos dos oprimidos, dos explorados, dos famintos e dos massacrados depende também do grau de familiaridade que tenham com essas imagens. As fotos de Don McCullin dos biafrenses magérrimos no início da década de 1970 produziram menos impacto, para alguns, do que as fotos de Werner Bischof das vítimas indianas da fome no início da década de 1950, porque estas imagens tornaram-se banais, e as fotos das famílias de tuaregues que morriam de fome na África subsaariana, publicadas em revistas de todo o mundo em 1973, devem ter parecido, a muitos, uma reprise insuportável de uma exibição de atrocidades agora já familiar.

Fotos chocam na proporção em que mostram algo novo. Infelizmente, o custo disso não para de subir — em parte, por conta da mera proliferação dessas imagens de horror. O primeiro contato de uma pessoa com o inventário fotográfico do horror supremo é uma espécie de revelação, a revelação prototipicamente moderna: uma epifania negativa. Para mim, foram as fotos de Bergen-Belsen e de Dachau com que topei por acaso numa livraria de Santa Monica em julho de 1945. Nada que tinha visto — em fotos ou na vida real — me ferira de forma tão contundente, tão profunda, tão instantânea. De fato, parece-me plausível dividir minha vida em duas partes, antes de ver aquelas fotos (eu tinha doze anos) e depois, embora isso tenha ocorrido muitos anos antes de eu compreender plenamente do que elas tratavam. Que bem me fez ver essas fotos? Eram apenas fotos — de um evento do qual eu pouco ouvira falar e no qual eu não podia interferir, fotos de um sofrimento que eu mal conseguia imaginar e que eu não podia aliviar de maneira alguma. Quando olhei para essas fotos, algo se partiu. Algum limite foi atingido, e não só o do horror; senti-me irremediavelmente aflita, ferida, mas uma parte de meus sentimentos começou a se retesar; algo morreu; algo ainda está chorando.

Sofrer é uma coisa; outra coisa é viver com imagens fotográficas do sofrimento, o que não reforça necessariamente a consciência e a capacidade de ser compassivo. Também pode corrompê-las. Depois de ver tais imagens, a pessoa tem aberto a sua frente o caminho para ver mais — e cada vez mais. As imagens paralisam. As imagens anestesiam. Um evento conhecido por meio de fotos certamente se torna mais real do que seria se a pessoa jamais tivesse visto as fotos — pensem na Guerra do Vietnã. (Para um contraexemplo, pensem no arquipélago de Gulag, do qual não temos nenhuma foto.) Mas, após uma repetida exposição a imagens, o evento também se torna menos real.

A mesma lei vigora para o mal e para a fotografia. O choque das atrocidades fotografadas se desgasta com a exposição repetida, assim como a surpresa e o desnorteamento sentidos na primeira vez em que se vê um filme pornográfico se desgastam depois que a pessoa vê mais alguns. O sentimento de tabu que nos deixa indignados e pesarosos não é muito mais vigoroso do que o sentimento de tabu que rege a definição do que é obsceno. E ambos têm sido experimentados de forma dolorosa em anos recentes. O vasto catálogo fotográfico da desgraça e da injustiça em todo o mundo deu a todos certa familiaridade com a atrocidade, levando o horrível a parecer mais comum — levando-o a parecer familiar, distante ("é só uma foto"), inevitável. Na época das primeiras fotos dos campos nazistas, nada havia de banal nessas imagens. Após trinta anos, talvez tenhamos chegado a um ponto de saturação. Nas últimas décadas, a fotografia "consciente" fez, no mínimo, tanto para amortecer a consciência quanto fez para despertá-la.

O conteúdo ético das fotos é frágil. Com a possível exceção das fotos daqueles horrores, como os campos nazistas, que adquiriram a condição de pontos de referência éticos, a maioria das fotos não conserva sua carga emocional. Uma foto de 1900 que, na época, produziu um grande efeito por causa de seu tema, hoje, provavelmente, nos comoveria por ser uma foto tirada em 1900. Os atributos e os intuitos específicos das fotos tendem a ser engolidos pelo *páthos* generalizado do tempo pretérito. A distância estética parece inserir-se na própria experiência de olhar fotos, quando não de forma imediata, certamente com o correr do tempo.

No fim, o tempo termina por situar a maioria das fotos, mesmo as mais amadoras, no nível da arte.

A industrialização da fotografia permitiu sua rápida absorção pelos meios racionais — ou seja, burocráticos — de gerir a sociedade. As fotos, não mais imagens de brinquedo, tornaram-se parte do mobiliário geral do ambiente — pedras de toque e confirmações da redutora abordagem da realidade que é tida por realista. As fotos foram arroladas a serviço de importantes instituições de controle, em especial a família e a polícia, como objetos simbólicos e como fontes de informação. Assim, na catalogação burocrática do mundo, muitos documentos importantes não são válidos a menos que tenham, colada a eles, uma foto comprobatória do rosto do cidadão.

A visão "realista" do mundo compatível com a burocracia redefine o conhecimento — como técnica e informação. As fotos são apreciadas porque dão informações. Dizem o que existe; fazem um inventário. Para os espiões, os meteorologistas, os médicos-legistas, os arqueólogos e outros profissionais da informação, seu valor é inestimável. Mas, nas situações em que a maioria das pessoas usa as fotos, seu valor como informação é da mesma ordem que o da ficção. A informação que as fotos podem dar começa a parecer muito importante naquele momento da história cultural em que todos se supõem com direito a algo chamado notícia. As fotos foram vistas como um modo de dar informações a pessoas que não têm facilidade para ler. O *Daily News* ainda se denomina "Jornal de Imagens de Nova York", sua maneira de alcançar uma identidade populista. No extremo oposto do espectro, *Le Monde*, um jornal destinado a leitores preparados e bem informados, não publica foto nenhuma. A suposição é que, para tais leitores, uma foto poderia apenas ilustrar a análise contida em uma matéria.

Um novo significado da ideia de informação construiu-se em torno da imagem fotográfica. A foto é uma fina fatia de espaço bem como de tempo. Num mundo regido por imagens fotográficas, todas as margens ("enquadramento") parecem arbitrárias. Tudo pode ser separado, pode ser desconexo, de qualquer coisa: basta enquadrar o tema de um modo diverso. (Inversamente, tudo pode ser adjacente a qualquer coisa.) A fotografia reforça uma visão nominalista da realidade social como constituída de unidades pequenas, em número aparentemente infinito — assim como o número de fotos que podem ser tiradas de qualquer coisa é ilimitado. Por meio de fotos, o mundo se torna uma série de partículas independentes, avulsas; e a história, passada e presente, se torna um conjunto de anedotas e de *faits divers*. A câmera torna a realidade atômica, manipulável e opaca. É uma visão do mundo que nega a inter-relação, a continuidade, mas confere a cada momento o caráter de mistério. Toda foto tem múltiplos significados; de fato, ver algo na forma de uma foto é enfrentar um objeto potencial de fascínio. A sabedoria suprema da imagem fotográfica é dizer: "Aí está a superfície. Agora, imagine — ou, antes, sinta, intua — o que está além, o que deve ser a realidade, se ela tem este aspecto". Fotos, que em si mesmas nada podem explicar, são convites inesgotáveis à dedução, à especulação e à fantasia.

A fotografia dá a entender que conhecemos o mundo se o aceitamos tal como a câmera o registra. Mas isso é o contrário de compreender, que parte de não aceitar o mundo tal como ele aparenta ser. Toda possibilidade de compreensão está enraizada na capacidade de dizer não. Estritamente falando, nunca se compreende nada a partir de uma foto. É claro, as fotos preenchem lacunas em nossas imagens mentais do presente e do passado: por exemplo, as imagens de Jacobs Riis da miséria de Nova York na década de 1880 são extremamente instrutivas para quem não sabe que a pobreza urbana nos Estados Unidos no fim do século XIX era de fato dickensiana. Contudo, a representação da realidade pela câmera deve sempre ocultar mais do que revela. Como assinala Brecht, uma foto da fábrica Krupp não revela quase nada a respeito dessa organização. Em contraste com a relação amorosa, que se baseia na aparência, a compreensão se baseia no funcionamento. E o funcionamento se dá no tempo e deve ser explicado no tempo. Só o que narra pode levar-nos a compreender.

O limite do conhecimento fotográfico do mundo é que, conquanto possa incitar a consciência, jamais conseguirá ser um conhecimento ético ou político. O conhecimento adquirido por meio de fotos será sempre um tipo de sentimentalismo, seja ele cínico ou humanista. Há de ser um conhecimento barateado — uma aparência de conhecimento, uma aparência de sabedoria; assim como o ato de tirar fotos é uma aparência de apropriação, uma aparência de estupro. A própria mudez do que seria, hipoteticamente, compreensível nas fotos é o que constitui seu caráter atraente e provocador. A onipresença das fotos produz um efeito incalculável em nossa sensibilidade ética. Ao munir este mundo, já abarrotado, de uma duplicata do mundo feita de imagens, a fotografia nos faz sentir que o mundo é mais acessível do que é na realidade.

A necessidade de confirmar a realidade e de realçar a experiência por meio de fotos é um consumismo estético em que todos, hoje, estão viciados. As sociedades industriais transformam seus cidadãos em dependentes de imagens; é a mais irresistível forma de poluição mental. Um pungente anseio de beleza, de um propósito para sondar abaixo da superfície, de uma redenção e celebração do corpo do mundo — todos esses elementos do sentimento erótico são afirmados no prazer que temos com as fotos. Mas outros sentimentos, menos liberadores, também se expressam. Não seria errado falar de pessoas que têm uma *compulsão* de fotografar: transformar a experiência em si num modo de ver. Por fim, ter uma experiência se torna idêntico a tirar dela uma foto, e participar de um evento público tende, cada vez mais, a equivaler a olhar para ele, em forma fotografada. Mallarmé, o mais lógico dos estetas do século XIX, disse que tudo no mundo existe para terminar num livro. Hoje, tudo existe para terminar numa foto.

ESTADOS UNIDOS, VISTO EM FOTOS, DE UM ÂNGULO SOMBRIO

Quando Walt Whitman contemplava o panorama democrático da cultura, tentava enxergar além da diferença entre beleza e feiura, importância e trivialidade. Parecia-lhe servil ou esnobe fazer qualquer discriminação de valor, exceto as mais generosas. O nosso mais audaz e delirante profeta da revolução cultural estabeleceu sérias exigências de honestidade. Ninguém se incomodaria com a beleza e com a feiura, sugeriu ele, se aceitasse um abraço suficientemente amplo do real, da inclusividade e da vitalidade da verdadeira experiência americana. Todos os fatos, mesmo os mesquinhos, são incandescentes nos Estados Unidos de Whitman — esse espaço ideal, tornado real por força da história, onde "os fatos, ao emitirem a si mesmos, são regados com luz".

A Grande Revolução Cultural Americana anunciada no prefácio da primeira edição de *Folhas das folhas de relva* (1855) não se cumpriu, o que frustrou muitos mas não surpreendeu ninguém. Um grande poeta não pode, sozinho, mudar o clima moral; mesmo quando o poeta tem milhões de Guardas Vermelhos a seu dispor, isso ainda não é fácil. Como qualquer profeta de uma revolução cultural, Whitman pensava discernir que a arte já fora superada, e desmistificada, pela realidade. "Os próprios Estados Unidos são, em essência, o maior poema." Mas quando nenhuma revolução cultural ocorria e o maior dos poemas parecia menor em tempos de Império do que parecera sob a República, só outros artistas levaram a sério o programa de Whitman de transcendência populista, de uma reavaliação democrática da beleza e da feiura, da importância e da trivialidade. Longe de terem sido desmistificadas pela realidade, as artes americanas — em especial, a fotografia — aspiravam, agora, a levar a efeito a desmistificação.

Nas primeiras décadas da fotografia, esperava-se que as fotos fossem imagens idealizadas. Ainda é esse o objetivo da maioria dos fotógrafos amadores, para quem uma bela foto é uma foto de algo belo, como uma mulher, um pôr do sol. Em 1915, Edward Steichen fotografou uma garrafa de leite na saída de emergência de um prédio, um exemplo remoto de um conceito totalmente distinto do que é uma foto bela. E desde a década de 1920, profissionais ambiciosos, aqueles cuja obra alcança os museus, afastaram-se resolutamente dos temas líricos, explorando de forma consciensiosa um material comum, vulgar ou mesmo insípido. Em décadas recentes, a fotografia conseguiu, em certa medida, promover uma revisão, para todos, das definições do que é belo e do que é feio — na linha proposta por Whitman. Se (nas palavras de Whitman) "todo objeto ou condição ou combinação ou processo exibe uma beleza", torna-se superficial privilegiar certas coisas como belas e outras não. Se "tudo o que uma pessoa faz ou pensa é relevante", torna-se arbitrário tratar alguns momentos da vida como importantes e a maioria como triviais.

Fotografar é atribuir importância. Provavelmente não existe tema que não possa ser embelezado; além disso, não há como suprimir a tendência, inerente a todas as fotos, de conferir valor a seus temas. O significado do próprio valor pode ser alterado — como tem ocorrido na cultura contemporânea da imagem fotográfica, que é uma paródia do evangelho de Whitman. Nos palacetes da cultura pré-democrática, uma pessoa fotografada é uma celebridade. Nos campos abertos da experiência americana, como Whitman a catalogou com entusiasmo, e como Warhol a avaliou com pouco-caso, todo mundo é uma celebridade. Nenhum momento é mais importante do que outro, ninguém é mais interessante do que qualquer outra pessoa.

A epígrafe de um livro de fotos de Walker Evans, publicado pelo Museu de Arte Moderna, é um trecho de Whitman que parece o tema da mais prestigiosa aspiração da fotografia americana:

> Não tenho dúvida de que a majestade e a beleza do mundo estão latentes em qualquer migalha do mundo [...]. Não tenho dúvida de que existe muito mais em coisas banais, em insetos, em pessoas vulgares, em escravos, em anões, em ervas, no refugo e na escória do que eu supunha.

Whitman não pensava estar abolindo a beleza, mas generalizando-a. Assim fez, durante várias gerações, a maioria dos fotógrafos americanos em sua polêmica busca do trivial e do vulgar. Mas, entre os fotógrafos americanos que amadureceram a partir da Segunda Guerra Mundial, o ditame whitmaniano de registrar, em sua integridade, a extravagante franqueza da verdadeira experiência americana gorou. Ao fotografar anões, não se obtêm majestade e beleza. Obtêm-se anões.

A partir das imagens reproduzidas e consagradas na luxuosa revista *Camera Work*, que Alfred Stieglitz publicou entre 1903 e

1917, e expostas na galeria por ele dirigida, em Nova York, entre 1905 e 1917, no número 291 da Quinta Avenida (primeiro chamada de Little Gallery of the Photo-Secession e depois, apenas de "291") — revista e galeria que constituíram o fórum mais ambicioso dos juízos whitmanianos —, a fotografia americana passou da afirmação para a erosão e, por fim, para uma paródia do programa de Whitman. Nessa história, a figura mais edificante é Walker Evans. Foi o último grande fotógrafo a trabalhar de forma séria e confiante num estado de ânimo derivado do humanismo eufórico de Whitman, recapitulando o que ocorrera antes (por exemplo, as espantosas fotos de imigrantes e de trabalhadores tiradas por Lewis Hine), antecipando boa parte da fotografia mais fria, mais rude, mais seca, feita a partir daí — como na prenunciadora série de fotos "secretas" de passageiros anônimos do metrô de Nova York, tiradas por Evans com uma câmera oculta entre 1939 e 1941. Mas Evans rompeu com o estilo heroico em que a visão whitmaniana fora divulgada por Stieglitz e seus discípulos, que desdenhavam Hine. Evans julgava rebuscado o trabalho de Stieglitz.

Como Whitman, Stieglitz não via contradição entre fazer da arte um instrumento de identificação com a comunidade e engrandecer o artista como um ego heroico, romântico e autoexpressivo. Em seu rebuscado e esplêndido livro de ensaios *Port of New York* (1924), Paul Rosenfeld aclamou Stieglitz como um "dos grandes afirmadores da vida. Não existe, em todo o mundo, nenhum tema tão tosco, banal e humilde que esse homem da caixa preta e do banho químico não consiga utilizar para expressar-se por inteiro". Fotografar, e por conseguinte redimir o tosco, o banal e o humilde, é também um modo engenhoso de expressão individual. "O fotógrafo", escreve Rosenfeld a respeito de Stieglitz, "lançou a rede do artista sobre o mundo material com mais largueza do que qualquer outro homem, antes ou junto dele." A fotografia é um tipo de hipérbole, uma cópula heroica com o mundo material. A exemplo de Hine, Evans buscava um tipo mais impessoal de afirmação, uma reticência nobre, um lúcido subentendido. Nem nas impessoais naturezas-mortas arquitetônicas das fachadas americanas e nos inventários de cômodos que ele adorava fazer, nem nos retratos rigorosos de meeiros sulistas que ele tirou no final na década de 1930 (publicados no livro feito com James Agee, *Let us now praise famous men* [Agora vamos louvar homens famosos]) Evans tentava expressar a si mesmo.

Mesmo sem a inflexão heroica, o projeto de Evans ainda descende do de Whitman: o nivelamento das discriminações entre o belo e o feio, entre o importante e o trivial. Cada coisa ou pessoa fotografada se torna — uma foto; e se torna, portanto, moralmente equivalente a qualquer outra de suas fotos. A câmera de Evans ressaltava, no exterior das casas vitorianas de Boston no início da década de 1930, a mesma beleza formal que ressaltava nos armazéns das ruas centrais de cidades do Alabama, em 1936. Mas esse era um nivelamento por cima, e não por baixo. Evans queria que suas fotos fossem "cultas, abalizadas, transcendentes". Como o universo moral da década de 1930 não é mais o nosso, tais adjetivos são, hoje, muito pouco confiáveis. Ninguém exige que a fotografia seja culta. Ninguém consegue imaginar como ela poderia ser abalizada. Ninguém compreende como qualquer coisa, muito menos uma foto, poderia ser transcendente.

Whitman preconizava a empatia, a concórdia na discórdia, a unidade na diversidade. O intercurso psíquico com tudo e com todos — e mais a união sensual (quando ele a conseguia) — é a grande viagem explicitamente proposta, vezes sem conta, nos prefácios e nos poemas. Essa ânsia de seduzir o mundo inteiro também determinou o tom e a forma de sua poesia. Os poemas de Whitman são uma tecnologia psíquica para encantar o leitor e levá-lo a um novo modo de ser (um microcosmo da "nova ordem" conjeturada para a sociedade); eles são funcionais, como mantras — maneiras de transmitir cargas de energia. A repetição, a cadência bombástica, os versos encadeados e a dicção atrevida constituem um ímpeto de inspiração secular, destinado a erguer fisicamente os leitores no ar, impeli-los para aquela altura onde são capazes de se identificar com o passado e com a comunidade do desejo americano. Mas essa mensagem de identificação com outros americanos é, hoje, estranha ao nosso temperamento.

O último suspiro do abraço erótico whitmaniano à nação, mas universalizado e despido de todas as exigências, foi ouvido em The Family of Man [A família do homem], exposição organizada em 1955 por Edward Steichen, contemporâneo de Stieglitz e cofundador da galeria Photo-Secession. Quinhentas e três fotos de 273 fotógrafos de 68 países deveriam convergir — a fim de provar que a humanidade é "una" e que os seres humanos, a despeito de todas as suas falhas e vilanias, são criaturas atraentes. As pessoas nas fotos eram de todas as raças, idades, classes, tipos físicos. Muitas tinham corpos excepcionalmente belos; algumas tinham rostos belos. Assim como Whitman exortava os leitores de seus poemas a identificar-se com ele e com os Estados Unidos, Steichen organizou a exposição de modo a permitir que cada espectador se identificasse com muitos dos povos retratados e, potencialmente, com o tema de todas as fotos: cidadãos da Fotografia Mundial, todos.

A fotografia só voltou a atrair ao Museu de Arte Moderna multidões semelhantes àquelas dezessete anos depois, para a retrospectiva da obra de Diane Arbus, em 1972. Na exposição de Arbus, 112 fotos tiradas por uma só pessoa, e todas semelhantes

— ou seja, todas as pessoas nas fotos têm (de certo modo) a mesma aparência —, impunham um sentimento exatamente oposto ao afeto tranquilizador do material apresentado por Steichen. Em vez de pessoas cuja aparência agradava, gente representativa a cumprir seus honrados afazeres humanos, a exposição de Arbus perfilava monstros seletos e casos extremos — na maioria, feios; com roupas grotescas ou degradantes; em ambientes desoladores ou áridos — que se haviam detido para posar e, muitas vezes, para olhar com franqueza, com segurança, para o espectador. A obra de Arbus não solicita aos espectadores que se identifiquem com os párias e pessoas de aspecto miserável que ela fotografou. A humanidade não é "una".

As fotos de Arbus transmitem a mensagem anti-humanista cujo impacto perturbador as pessoas de boa vontade, na década de 1970, queriam avidamente sentir, do mesmo modo como, na década de 1950, desejavam ser consoladas e distraídas por um humanismo sentimental. Não há entre essas mensagens tanta diferença como se poderia imaginar. A exposição de Steichen voltou-se para cima, e a de Arbus para baixo, mas as duas experiências servem igualmente para impedir a compreensão histórica da realidade.

A seleção de fotos de Steichen supõe uma condição humana, ou uma natureza humana, partilhada por todos. Ao proclamar a intenção de mostrar que os indivíduos, em toda parte, nascem, trabalham, riem e morrem do mesmo modo, The Family of Man nega o peso determinante da história — das diferenças, das injustiças e dos conflitos genuínos, historicamente enraizados. As fotos de Arbus solapam a política de um modo igualmente decisivo, ao sugerir um mundo em que todos são forasteiros, inapelavelmente isolados, imobilizados em identidades e relacionamentos mecânicos e estropiados. A elevação piedosa da antologia fotográfica de Steichen e o frio abatimento da retrospectiva de Arbus tornam irrelevantes a história e a política. Um o faz ao universalizar a condição humana, na alegria; o outro, ao atomizá-la, no horror.

O aspecto mais impressionante da obra de Arbus é que ela parece ter se engajado em uma das mais vigorosas empreitadas da arte fotográfica — concentrar-se nas vítimas, nos desgraçados —, mas sem servir ao propósito compassivo que se espera de tal projeto. Sua obra mostra pessoas patéticas, lamentáveis, bem como repulsivas, mas não desperta nenhum sentimento de compaixão. Mediante o que se poderia definir mais corretamente como seu ponto de vista dissociado, as fotos foram elogiadas por sua franqueza e por uma empatia não sentimental com seus temas. Aquilo que constitui de fato sua agressividade contra o público foi tratado como uma proeza moral: as fotos não permitem que o espectador se mantenha distante do tema. De modo mais plausível, as fotos de Arbus — com sua aceitação do horrível — sugerem uma ingenuidade que é, ao mesmo tempo, tímida e sinistra, pois se baseia na distância, no privilégio, num sentimento de que aquilo que o espectador é solicitado a ver é de fato *outro*. Buñuel, quando indagado, certa feita, sobre o motivo por que fazia filmes, respondeu que era "para mostrar que este não é o melhor dos mundos possíveis". Arbus tirou fotos para mostrar algo mais simples — que existe outro mundo.

O outro mundo deve ser encontrado, como de costume, dentro deste. Confessadamente interessada em fotografar apenas gente que "parecia estranha", Arbus encontrou um vasto material perto de casa. Nova York, com seus bailes de travestis e seus hotéis mantidos pela previdência social, abundava de tipos bizarros. Houve também um carnaval em Maryland, onde Arbus encontrou um porco-espinho humano, um hermafrodita com um cão, um homem tatuado e um albino engolidor de espadas; campos de nudismo em Nova Jersey e na Pensilvânia; a Disneylândia e um cenário de Hollywood, em razão de suas paisagens mortas ou simuladas, sem gente; e o hospital de doentes mentais não identificado onde ela tirou algumas de suas últimas e mais perturbadoras fotos. E havia sempre a vida cotidiana, com seu interminável suprimento de aberrações — se a pessoa tiver um bom olho para vê-las. A câmera tem o poder de captar as chamadas pessoas normais de tal modo que pareçam anormais. A fotógrafa escolhe a estranheza, a persegue, a enquadra, a revela, a intitula.

"Você vê uma pessoa na rua", escreveu Arbus, "e, essencialmente, o que percebe nelas é o defeito." A persistente mesmice da obra de Arbus, por mais distante que a fotógrafa se coloque em relação a seus temas prototípicos, mostra que a sensibilidade dela, armada de uma câmera, era capaz de insinuar angústia, perversão e doença mental em qualquer tema. Duas fotos são de bebês que choram; os bebês parecem perturbados, loucos. Parecer ou ter algo em comum com outra pessoa é uma fonte recorrente do assustador, segundo as normas características do modo dissociado de ver de Arbus. Podem ser as duas meninas (não irmãs) que vestem capas de chuva idênticas, a quem Arbus fotografou juntas no Central Park; ou os gêmeos ou trigêmeos que aparecem em várias fotos. Muitas fotos apontam, com um espanto opressivo, para o fato de que duas pessoas formam um casal; e todo casal é um casal estranho: homossexual ou não, negro ou branco, num lar de idosos ou num colégio de adolescentes. As pessoas pareciam excêntricas porque não vestiam roupas, como os nudistas; ou porque vestiam, como a garçonete no campo de nudismo que usava um avental. Todos que Arbus fotografava eram bizarros — um menino à espera da hora de marchar num desfile em favor da guerra, com seu chapeuzinho de palha e seu broche que diz "Bombardeiem Hanói"; o rei e a rainha de um baile de idosos aposentados; um casal suburbano, na casa dos trinta anos, refestelado em suas cadeiras sobre o gramado; uma viúva sentada sozinha em seu quarto em desordem. Em *Gigante judeu em casa com os pais no Bronx, Nova York, 1970*, os pais parecem anões, de estatura tão anômala quanto o enorme filho arqueado acima deles, sob o teto baixo da sala de estar.

A autoridade das fotos de Arbus deriva do contraste entre o material de seu tema dilacerante e sua atenção serena e trivial. Essa faculdade de atenção — a atenção prestada pela fotógrafa, a atenção prestada pelo tema ao ato de ser fotografado — cria o teatro moral dos retratos contemplativos e isentos de Arbus. Longe de espionar tipos bizarros e párias, e apanhá-los desprevenidos, a fotógrafa teve de conhecê-los, tranquilizá-los — de modo que posassem para ela de forma tão serena e imóvel quanto qualquer figurão vitoriano num retrato de estúdio de Julia Margaret Cameron. Grande parte do mistério das fotos de Arbus repousa naquilo que elas sugerem sobre como seus temas se sentiam após aceitar ser fotografados. Será que se viam desse jeito, pergunta-se o espectador. Será que sabiam como eram grotescos? Parece que não.

O tema das fotos de Arbus é, para tomar emprestado o rótulo hegeliano, "a consciência infeliz". Mas a maioria dos personagens do *grand-guignol* de Arbus parece ignorar que é feia. Arbus fotografa pessoas em vários graus de relação inconsciente ou desatenta com a própria dor, com a própria feiura. Isso limita forçosamente o tipo de horror que Arbus era impelida a fotografar: exclui sofredores que, supostamente, sabem estar sofrendo, como as vítimas de acidentes, de guerras, de fome e de perseguição política. Arbus jamais tiraria fotos de acidentes, eventos que interrompem bruscamente a vida; ela se especializou em desastres privados em câmera lenta, que, na maioria dos casos, já vinham ocorrendo desde o nascimento do personagem da foto.

Embora a maior parte dos espectadores esteja pronta a imaginar que essas pessoas, os cidadãos do submundo sexual, bem como as anomalias genéticas, são infelizes, poucas fotos mostram, de fato, qualquer infortúnio emocional. As fotos de tipos desviantes e de autênticas anomalias não enfatizam sua dor, mas, antes, seu alheamento e sua autonomia. Os travestis em seus camarins, o anão mexicano em seu quarto de hotel em Manhattan, os baixotinhos russos numa sala de estar na 100th Street e seus semelhantes são apresentados, na maioria dos casos, como alegres, conformados, triviais. A dor é mais perceptível em retratos de pessoas normais: o casal de idosos que discute num banco de parque, uma senhora que trabalha de garçonete em Nova Orleans fotografada em sua casa com um cãozinho de suvenir, o menino no Central Park que segura entre os dedos sua granada de brinquedo.

Brassaï denunciou os fotógrafos que tentam capturar seus temas desprevenidos, na crença equivocada de que, assim, algo especial a respeito deles seria revelado.* No mundo colonizado por Arbus, os temas estão sempre revelando a si mesmos. Não há nenhum momento decisivo. A ideia de Arbus de que a autorrevelação é um processo contínuo, distribuído com uniformidade, constitui outro modo de preservar o imperativo whitmaniano: trate todos os momentos como se tivessem a mesma importância. A exemplo de Brassaï, Arbus queria que seus temas estivessem o mais conscientes possível, cônscios do ato de que participavam. Em vez de tentar persuadir seus temas a se pôr numa atitude natural ou típica, ela os incentivava a ficar constrangidos — ou seja, a

---

* Na verdade, não é um equívoco. No rosto das pessoas, quando ignoram que estão sendo observadas, existe algo que nunca aparece quando elas sabem disso. Se não soubéssemos como Walker Evans tirou suas fotos no metrô (viajando centenas de horas, no metrô, de pé, com a lente da câmera à espreita entre dois botões do seu sobretudo), ficaria óbvio pelas próprias fotos que os passageiros sentados, embora fotografados de perto e de frente, não sabiam que estavam sendo fotografados; suas expressões são confidenciais, não são aquelas que as pessoas mostram para uma câmera.

posar. (Portanto, a revelação da personalidade identifica-se com o que é estranho, excêntrico, disforme.) Ficar de pé ou rigidamente sentado faz com que eles pareçam imagens de si mesmos.

A maioria das fotos de Arbus tem temas que olham de frente para a câmera. Isso, não raro, os faz parecer mais estranhos ainda, quase enlouquecidos. Compare a foto de 1912, tirada por Lartigue, de uma mulher de chapéu de plumas e véu (*Corrida de cavalos em Nice*) com a foto de Arbus intitulada *Mulher com véu na Quinta Avenida, Nova York, 1968*. Além da característica feiura do tema de Arbus (o tema de Lartigue é belo, de forma igualmente característica), o que torna estranha a mulher na foto de Arbus é a atrevida desinibição de sua pose. Se a mulher de Lartigue olhasse para trás, talvez parecesse quase igualmente estranha.

Na retórica normal do retrato fotográfico, encarar a câmera significa solenidade, franqueza, o descerramento da essência do tema. É por isso que a frontalidade parece correta no caso de fotos de cerimônias (como casamentos, formaturas), mas menos adequada para fotos usadas para divulgar candidatos políticos. (Para os políticos, o olhar num viés de três-quartos é mais comum: um olhar que plana em vez de confrontar, sugerindo ao espectador, em lugar da relação com o presente, uma relação mais abstrata e enobrecedora com o futuro.) O que torna tão impressionante o emprego da pose frontal em Arbus é que seus temas são, não raro, pessoas que não esperaríamos que se oferecessem tão gentilmente e tão ingenuamente para a câmera. Assim, nas fotos de Arbus, a frontalidade também subentende, da forma mais nítida, a cooperação do tema. A fim de levar essas pessoas a posar, a fotógrafa teve de ganhar-lhes a confiança, teve de tornar-se "amiga" deles.

Talvez a cena mais aterradora no filme *Freaks* [Anomalias] (1932), de Tod Browning, seja o banquete de casamento, quando retardados, mulheres barbadas, gêmeos siameses e homens-tronco dançam e cantam sua aceitação da Cleópatra repulsivamente normal, que acabou de casar-se com o ingênuo herói anão. "Um de nós! Um de nós! Um de nós!", entoam eles enquanto uma grande taça passa de boca em boca ao longo da mesa, para ser enfim oferecida à noiva, enojada, por um anão exuberante. Arbus tinha, talvez, uma visão demasiado simples do encanto, da hipocrisia e do desconforto de confraternizar com as anomalias. Em seguida ao entusiasmo da descoberta, havia a emoção de ter ganhado a confiança deles, de não sentir medo deles, de haver dominado a própria aversão. Fotografar anomalias "produzia em mim uma euforia tremenda", explicou Arbus. "Eu simplesmente os adorava."

As fotos de Diane Arbus já eram famosas entre as pessoas que acompanhavam a fotografia quando ela se matou, em 1971; mas, a exemplo de Sylvia Plath, a atenção que sua obra atraiu desde sua morte é de outra ordem — uma espécie de apoteose. O fato de ela ter se suicidado parece assegurar que sua obra é sincera, e não voyeurística, que é compassiva, e não fria. Seu suicídio também parece tornar as fotos mais devastadoras, como se provasse que as fotos representavam um perigo para ela.

A própria Arbus sugeriu essa possibilidade. "Tudo é tão esplêndido e comovedor. Eu avanço rastejando pelo chão, como nos filmes de guerra." Embora a fotografia, normalmente, seja uma visão onipotente e à distância, existe uma situação em que as pessoas são mortas, de verdade, por tirar fotos: quando fotografam pessoas matando-se mutuamente. Só a fotografia de guerra combina voyeurismo e perigo. Fotógrafos de combate não podem deixar de participar da atividade letal que registram; até vestem uniformes militares, ainda que sem insígnias de patente. Descobrir (mediante o ato de fotografar) que a vida é "um verdadeiro melodrama", entender a câmera como uma arma de ataque, implica que haverá baixas. "Tenho certeza de que existem limites", escreveu ela. "Deus sabe como, na hora em que as tropas começam a avançar contra nós, nos aproximamos daquela sensação de ser alvejado, ocasião em que se pode perfeitamente ser morto." As palavras de Arbus descrevem, em retrospecto, uma espécie de morte em combate: por haver ultrapassado certos limites, ela se sente numa emboscada psíquica, vítima de sua própria isenção e curiosidade.

Na antiga visão romântica do artista, qualquer pessoa que tenha a audácia de passar uma temporada no inferno se arrisca a não sair viva ou a voltar com lesões psicológicas. O vanguardismo heroico da literatura francesa, no fim do século XIX e no início do XX, fornece um panteão memorável de artistas que não conseguiram sobreviver a suas viagens ao inferno. Contudo, existe uma grande diferença entre a atividade de um fotógrafo, que é sempre desejável, e a de um escritor, que pode não o ser. Uma pessoa tem o direito de dar voz à própria dor, pode sentir-se compelida a isso — pois a dor, de todo modo, é sua propriedade. Mas, no outro caso, busca-se voluntariamente a dor dos outros.

Assim, o que há de mais perturbador nas fotos de Arbus não é, de maneira alguma, seu tema, mas a impressão cumulativa da consciência do fotógrafo: o sentimento de que aquilo que é apresentado constitui precisamente uma visão particular, algo voluntário. Arbus não era uma poeta que desceu às profundezas de suas entranhas para relatar a própria dor, mas uma fotógrafa que enveredou pelo mundo a fim de colher imagens dolorosas. E, para a dor procurada, em vez da dor apenas sentida, pode haver uma explicação nem um pouco óbvia. Segundo Reich, o gosto masoquista da dor não emana de um amor à dor, mas da esperança de obter, por meio da dor, uma sensação forte; as pessoas afetadas por uma analgesia emocional ou sensorial preferem a dor apenas à alternativa de não sentir nada. Mas existe outra explicação do motivo por que as pessoas procuram a dor, uma explicação diametralmente oposta à de Reich e que também parece pertinente: que as pessoas a procuram não para sentir mais, e sim para sentir menos.

Por mais que olhar para as fotos de Arbus seja, incontestavelmente, uma provação, elas são típicas da espécie de arte popular entre pessoas sofisticadas no meio urbano atual: uma arte que representa um teste voluntário de resistência. Suas fotos oferecem uma ocasião para demonstrar que o horror da vida pode ser olhado de frente, sem melindres. A fotógrafa, antes, teve de dizer para si mesma: muito bem, consigo suportar isso; o espectador é convidado a declarar o mesmo.

A obra de Arbus é um bom exemplo de uma tendência dominante na arte elevada nos países capitalistas: suprimir, ou pelo menos reduzir, o mal-estar moral e sensorial. Grande parcela da arte moderna dedica-se a diminuir a estatura do aterrorizante. Por nos acostumar ao que, antes, não suportávamos olhar ou ouvir, porque era demasiado chocante, doloroso ou constrangedor, a arte modifica a moral — esse corpo de usos e de sanções públicas que estabelece uma vaga fronteira entre o que é emocional e espontaneamente tolerável e o que não é. A supressão gradual do mal-estar, de fato, nos aproxima de uma verdade bastante formal — a arbitrariedade dos tabus construídos pela arte e pela moral. Mas nossa capacidade de digerir esse grotesco crescente nas imagens (paradas ou em movimento) e nos textos impressos tem um custo elevado. A longo prazo, age não como uma liberação da personalidade, mas como uma subtração da personalidade: uma pseudofamiliaridade com o horrível reforça a alienação, tornando a pessoa menos apta a reagir na vida real. O que ocorre com os sentimentos das pessoas na primeira exposição ao filme pornográfico em cartaz no cinema do bairro ou à atrocidade transmitida no telejornal noturno não é tão diferente do que se verifica quando elas veem pela primeira vez as fotos de Arbus.

As fotos fazem com que uma reação compassiva pareça irrelevante. A questão é não ficar transtornado, ser capaz de olhar de frente o horrível de modo imperturbável. Mas esse olhar que não é (principalmente) compassivo é uma construção ética moderna especial: não é insensível, nem cínico, sem dúvida, mas simplesmente (ou falsamente) ingênuo. À realidade dolorosa e horripilante, Arbus aplicou adjetivos como "tremendo", "interessante", "incrível", "fantástico", "sensacional" — o deslumbramento infantil da mentalidade pop. A câmera — segundo a imagem calculadamente ingênua, de Arbus, do desígnio do fotógrafo — é um instrumento que captura tudo, que induz os temas a revelar seus segredos, que amplia a experiência. Fotografar pessoas, segundo Arbus, é necessariamente "cruel", "vil". O importante é não piscar.

"A fotografia era uma autorização para eu ir aonde quisesse e fazer o que desejasse", escreveu Arbus. A câmera é uma espécie de passaporte que aniquila as fronteiras morais e as inibições sociais, desonerando o fotógrafo de toda responsabilidade com relação às pessoas fotografadas. Toda a questão de fotografar pessoas consiste em que não se está intervindo na vida delas, apenas visitando-as. O fotógrafo é um superturista, uma extensão do antropólogo, que visita os nativos e traz de volta consigo informações sobre o comportamento exótico e os acessórios estranhos deles. O fotógrafo sempre tenta colonizar experiências novas ou descobrir maneiras novas de olhar para temas conhecidos — lutar contra o tédio. Pois o tédio é exatamente o reverso do fascínio: ambos dependem de se estar fora, e não dentro, de uma situação, e um conduz ao outro. "Os chineses têm uma teoria de que a gente passa do tédio para o fascínio", comentou Arbus. Ao fotografar um submundo aterrador (e um mundo exterior deserto e plástico), ela não tinha a menor intenção de penetrar no horror experimentado pelos habitantes desses mundos. Eles devem permanecer exóticos, e portanto "tremendos". A visão de Arbus é sempre externa.

"Sinto-me muito pouco atraída a fotografar pessoas conhecidas ou mesmo temas conhecidos", escreveu Arbus. "Eles me fascinam quando nunca ouvi falar a seu respeito." Por mais que ela se sentisse atraída pelo estropiado e pelo feio, jamais teria ocorrido a Arbus fotografar bebês de talidomida ou vítimas de napalm — horrores públicos, deformidades com associações sentimentais ou éticas. Arbus não estava interessada em jornalismo ético. Escolhia os temas que ela pudesse acreditar terem sido encontrados por acaso, em seu caminho, sem nenhum valor associado a eles. Trata-se necessariamente de temas aistóricos, uma patologia antes privada do que pública, vidas antes secretas do que expostas.

Para Arbus, a câmera fotografa o desconhecido. Mas desconhecido para quem? Desconhecido para alguém protegido, que aprendeu a manifestar reações moralistas e prudentes. Como Nathanael West, outro artista fascinado pelos deformados e mutilados, Arbus proveio de uma família judia de grande desenvoltura verbal, obsessiva com a saúde, propensa à indignação e rica, para quem os gostos sexuais minoritários situavam-se muito abaixo do limite da percepção e para quem correr riscos era desprezado como mais uma insanidade dos góis. "Uma das coisas que me fizeram sofrer na infância", escreveu Arbus, "foi que nunca experimentei a adversidade. Vivia confinada numa sensação de irrealidade. [...] E a sensação de estar imune era, por absurdo que pareça, dolorosa." Experimentando um mal-estar bem parecido, West, em 1927, empregou-se como recepcionista noturno num hotel sórdido em Manhattan. O modo de Arbus procurar experiências e, portanto, de obter uma sensação de realidade era a câmera. Por experiência, entendia, se não a adversidade material, pelo menos a adversidade psicológica — o choque da imersão em experiências que não podem ser belas, o encontro com o que é tabu, cruel, mau.

O interesse de Arbus por anomalias exprime um desejo de violar sua própria inocência, de solapar sua sensação de gozar um privilégio, dar vazão à sua frustração por estar a salvo. Além de West, a década de 1930 oferece poucos exemplos desse tipo de angústia. De modo mais típico, ela faz parte da sensibilidade de uma pessoa educada, de classe média, que se torna adulta entre 1945 e 1955 — uma sensibilidade que viria a florescer justamente na década de 1960.

A década do trabalho sério de Arbus coincide com os anos 60 e deve muito a eles, a década em que as anomalias vieram a público e se tornaram temas de arte aprovados e seguros. Aquilo que na década de 1930 era tratado com angústia — como nos romances *Senhorita Corações Solitários* e *O dia do gafanhoto* — passaria a ser tratado, na década de 1960, com total desfaçatez, ou com franca satisfação (nos filmes de Fellini, Arrabal, Jodorowsky, em quadrinhos marginais, em espetáculos de rock). No começo dos anos 60, a próspera Feira de Aberrações em Coney Island foi proibida; fez-se pressão para pôr abaixo a zona de prostituição e de travestis do Times Square a fim de cobri-la com arranha-céus. À proporção que os habitantes dos submundos discrepantes são expulsos de seus territórios restritos — banidos como indecorosos, uma inconveniência pública, obscenos ou apenas não lucrativos —, eles passam cada vez mais a infiltrar-se conscientemente como um tema artístico, adquirindo certa legitimidade difusa e uma proximidade metafórica que produz mais distância ainda.

Quem poderia ter apreciado melhor a verdade das anomalias do que alguém como Arbus, que era, por profissão, uma fotógrafa de moda — uma fabricante da mentira cosmética que mascara as intratáveis desigualdades de nascimento, de classe e de aparência física? Mas, ao contrário de Warhol, que foi durante muitos anos um artista comercial, Arbus não criou sua obra séria promovendo e ironizando a estética do glamour, na qual fez seu aprendizado, mas sim lhe dando as costas inteiramente. A obra de Arbus é reativa — reativa contra o refinamento, contra aquilo que é aprovado. Era o seu jeito de dizer dane-se a *Vogue*, dane-se a moda, dane-se o que é bonito. Essa contestação toma duas formas não plenamente compatíveis. Uma é uma revolta contra a sensibilidade moral excessivamente desenvolvida dos judeus. A outra revolta, ela mesma intensamente moralista, se dirige contra o mundo do sucesso. A subversão moralista propõe a vida fracassada como um antídoto para a vida bem-sucedida. A subversão do esteta, que a década de 60 havia de tornar uma peculiaridade sua, propõe a vida como espetáculo de horror, como antídoto para a vida tediosa.

A maior parte da obra de Arbus situa-se no âmbito da estética de Warhol, ou seja, define-se em relação aos polos gêmeos do tédio e da anomalia; mas não tem o estilo de Warhol. Arbus não tinha o narcisismo de Warhol e seu gênio publicitário, nem a sutileza autoprotetora com que ele se isolava das anomalias, nem seu sentimentalismo. É improvável que Warhol, que provém de uma família de classe trabalhadora, jamais tenha sentido, com respeito ao sucesso, a ambivalência que afetava os filhos de judeus de classe média alta na década de 1960. Para alguém de formação católica, como Warhol (e quase todos da sua turma), um fascínio pelo mal surge de modo muito mais autêntico do que no caso de uma pessoa de origem judaica. Comparada com Warhol, Arbus parece extremamente vulnerável, inocente — e seguramente mais pessimista. Sua visão dantesca da cidade (e dos subúrbios) não tem nenhuma reserva de ironia. Embora boa parte do material de Arbus seja o mesmo retratado em, digamos, *Chelsea Girls* (1966), de Warhol, suas fotos nunca brincam com o horror, explorando-o a fim de produzir risos; não dão nenhuma passagem para a zombaria e nenhuma possibilidade de se considerar as anomalias estimáveis, como ocorre nos filmes de Warhol e de Paul Morrissey. Para Arbus, os seres anômalos e os Estados Unidos medianos eram igualmente exóticos: um menino que marcha numa passeata em favor da guerra e uma dona de casa em Levittown eram tão estranhos como um anão ou um travesti; subúrbios de classe média baixa eram tão remotos como o Times Square, asilos de loucos e bares de gays. A obra de Arbus expressava sua tendência contra o que era público (tal como ela o experimentava), convencional, seguro, tranquilizador — e entediante — e em favor do que era privado, oculto, feio, perigoso e fascinante. Esses contrastes parecem, agora, quase antiquados. O que é seguro já não monopoliza o imaginário do público. As anomalias não são mais uma área reservada, de difícil acesso. Pessoas bizarras, em condição sexual vergonhosa, emocionalmente vazias, são vistas todos os dias nas bancas de jornal, na televisão, nos metrôs. O homem hobbesiano vaga pelas ruas, perfeitamente visível, com gel no cabelo.

Sofisticada à conhecida maneira modernista — preferindo a estranheza, a ingenuidade e a sinceridade à esperteza e à artificialidade da arte elevada e do comércio elevado —, Arbus dizia que o fotógrafo de quem mais se sentia próxima era Weegee, cujas fotos brutais de crimes e de vítimas de acidentes eram artigos de primeira necessidade para os jornais populares na década de 1940. As fotos de Weegee são, de fato, perturbadoras, sua sensibilidade é urbana, mas a solidariedade entre seu trabalho e o de Arbus termina aí. Por mais ávida que ela estivesse para repudiar os componentes típicos da sofisticação fotográfica, como a composição, Arbus não carecia de sofisticação. E nada há de jornalístico em seus motivos para tirar fotos. O que pode parecer jornalístico, e até sensacionalista, nas fotos de Arbus situa-as, na verdade, na tradição central da arte surrealista — seu gosto pelo grotesco, sua declarada inocência com relação aos temas, sua tese de que todos os temas são apenas *objets trouvés*.

"Eu jamais escolheria um tema por aquilo que ele significasse para mim quando eu pensasse nele", escreveu Arbus, um expoente pertinaz do blefe surrealista. Supostamente, não se espera que os espectadores julguem as pessoas que ela fotografa. Julgamos, é claro. E o próprio conjunto dos temas de Arbus constitui, em si mesmo, um julgamento. Brassaï, que fotografou pessoas semelhantes às que interessavam a Arbus — ver a sua *La Môme Bijou*, de 1932 —, também oferecia paisagens urbanas, retratos de artistas famosos. *Hospital de doentes mentais*, Nova Jersey, 1924, de Lewis Hine, poderia ser uma foto da última fase de Arbus (exceto pelo fato de as duas crianças mongoloides que posam no gramado terem sido fotografadas de perfil, e não de frente); os retratos de rua em Chicago tirados por Walker Evans em 1946 são um material digno de Arbus, bem como diversas fotos de Robert Frank. A diferença reside na série de outros temas e de outras emoções que Hine, Brassaï, Evans e Frank fotografaram. Arbus é *auteur* no sentido mais restritivo, um caso tão específico na história da fotografia quanto foi, na história da pintura europeia moderna, Giorgio Morandi, que passou meio século produzindo naturezas-mortas e garrafas. Arbus não diversifica seu assunto, como fazem os fotógrafos mais ambiciosos — por pouco que seja. Ao contrário, todos os seus temas são equivalentes. E estabelecer equivalências entre anomalias, loucos, casais do subúrbio e nudistas constitui um julgamento muito forte, em cumplicidade com uma reconhecível atitude política partilhada por muitos americanos instruídos e liberais de esquerda. Os temas das fotos de Arbus são todos membros da mesma família, habitantes de uma única aldeia. Acontece apenas que a aldeia são os Estados Unidos. Em vez de mostrar uma identidade entre coisas diferentes (o panorama democrático de Whitman), todos são mostrados de modo que pareçam iguais.

Em seguida às esperanças mais risonhas para os Estados Unidos, veio um abraço amargo e triste da experiência. Existe uma melancolia peculiar no projeto fotográfico americano. Mas a melancolia já estava latente no auge da afirmação whitmaniana, tal como representada por Stieglitz e seu círculo da Photo-Secession. Stieglitz, empenhado em redimir o mundo com sua câmera, ainda estava chocado pelos elementos da civilização moderna. Fotografou Nova York na década de 1910, num espírito quase quixotesco — câmera/lança contra arranha-céu/moinho de vento. Paul Rosenfeld descreveu os esforços de Stieglitz como uma "afirmação perpétua". Os apetites whitmanianos tornaram-se devotos: o fotógrafo, agora, patrocina a realidade. Precisa-se da câmera para revelar padrões nessa "insípida e maravilhosa opacidade chamada Estados Unidos".

Obviamente, uma missão tão envenenada por dúvidas acerca dos Estados Unidos — mesmo no máximo de seu otimismo — estava destinada a, bem cedo, se esvaziar, à medida que os Estados Unidos, no período após a Primeira Guerra Mundial, se entregavam com mais arrojo aos grandes negócios e ao consumismo. Os fotógrafos com menos ego e magnetismo do que Stieglitz gradualmente desertaram da luta. Podiam continuar a praticar a estenografia visual atomista inspirada em Whitman. Mas, sem o delirante poder de síntese de Whitman, aquilo que eles documentaram era descontinuidade, detrito, solidão, ganância, esterilidade. Stieglitz, ao usar a fotografia para contestar a civilização materialista, foi, nas palavras de Rosenfeld, "o homem que acreditava existir, em alguma parte, um Estados Unidos espiritual, e esses Estados Unidos não eram o túmulo do Ocidente". O intuito implícito de Frank e Arbus, e de muitos entre seus contemporâneos e fotógrafos posteriores, é mostrar que os Estados Unidos *são* o túmulo do Ocidente.

Desde que a fotografia se desvencilhou da afirmação whitmaniana — desde que ela deixou de compreender como as fotos podiam ter em mira ser cultas, abalizadas, transcendentes —, o melhor da fotografia americana (e muitas outras coisas na cultura americana) entregou-se às consolações do surrealismo, e os Estados Unidos foram descobertos como o país surrealista, por excelência. Obviamente, é fácil demais dizer que os Estados Unidos são apenas uma feira de aberrações, uma terra devastada — o pessimismo barato típico da redução do real ao surreal. Mas a propensão americana para os mitos da redenção e da danação persiste como um dos aspectos mais revigorantes, mais sedutores, de nossa cultura nacional. O que abandonamos do desacreditado sonho de Whitman de uma revolução cultural são fantasmas de papel e um espirituoso e perspicaz programa de desespero.

OBJETOS DE MELANCOLIA

A fotografia tem a reputação pouco atraente de ser a mais realista e, portanto, a mais fácil das artes miméticas. De fato, é a arte que conseguiu levar a cabo as ameaças bombásticas, datadas de um século, de um domínio surrealista sobre a sensibilidade moderna, ao passo que a maioria dos concorrentes dotados de *pedigree* abandonou a corrida.

A pintura estava em desvantagem desde o início por ser uma bela-arte, em que cada objeto é único, um original feito à mão. Um risco adicional era o extraordinário virtuosismo técnico dos pintores habitualmente incluídos no cânone surrealista, que raramente concebiam a tela como algo não figurativo. Suas pinturas pareciam astutamente calculadas, pedantemente bem-feitas, não dialéticas. Mantinham uma distância larga e prudente da litigiosa noção surrealista de apagar as fronteiras entre a arte e a chamada vida, entre objetos e eventos, entre o voluntário e o involuntário, entre profissionais e amadores, entre o nobre e o de mau gosto, entre a competência e os disparates afortunados. O resultado foi que o surrealismo na pintura redundou em pouco mais do que o sumário de um mundo de sonhos mal sortido: umas poucas fantasias espirituosas e sobretudo sonhos eróticos e pesadelos agorafóbicos. (Só quando sua retórica libertária ajudou a incitar Jackson Pollock e outros no rumo de uma nova espécie de abstração irreverente, o ditame surrealista dirigido aos pintores parece ter, por fim, alcançado um sentido criativo amplo.) A poesia, a outra arte à qual os primeiros surrealistas se dedicavam de modo especial, produziu resultados quase igualmente frustrantes. As artes em que o surrealismo obteve a merecida fama foram a ficção (no conteúdo, sobretudo, mas muito mais abundante e mais complexo, em termos temáticos, do que se arrogou a pintura), o teatro, a arte da *assemblage* e — de forma mais triunfante — a fotografia.

A circunstância de ser a fotografia a única arte nativamente surreal não significa, todavia, que ela partilha o destino do movimento surrealista oficial. Ao contrário. Os fotógrafos (muitos deles ex-pintores) conscientemente influenciados pelo surrealismo contam, hoje, quase tão pouco quanto os fotógrafos "pictóricos" do século XIX, que copiavam o aspecto exterior da pintura de belas-artes. Mesmo as mais adoráveis *trouvailles* da década de 1920 — as fotos propositalmente veladas por exposição excessiva e as radiografias de Man Ray, os fotogramas de László Moholy-Nagy, os estudos de múltipla exposição de Bragaglia, as fotomontagens de John Heartfield e Alexander Rodchenko — são vistas como proezas marginais na história da fotografia. Os fotógrafos que se concentraram em interferir no realismo supostamente superficial da foto foram os que transmitiram, de modo mais exato, as propriedades surrealistas da fotografia. O legado surrealista para a fotografia veio a parecer trivial quando o repertório surrealista de fantasias e de adereços foi rapidamente absorvido pela alta-costura na década de 1930, e a fotografia surrealista oferecia, sobretudo, um estilo amaneirado de retratismo, identificável por seu emprego das mesmas convenções decorativas introduzidas pelo surrealismo nas demais artes, em especial na pintura, no teatro e na publicidade. A vertente dominante da atividade fotográfica mostrou que uma manipulação ou uma teatralização surrealista do real é desnecessária, se não efetivamente redundante. O surrealismo se situa no coração da atividade fotográfica: na própria criação de um mundo em duplicata, de uma realidade de segundo grau, mais rigorosa e mais dramática do que aquela percebida pela visão natural. Quanto menos douta, quanto menos obviamente capacitada, quanto mais ingênua — mais confiável havia de ser a foto.

O surrealismo sempre cortejou acidentes, deu boas-vindas ao que não é convidado, lisonjeou presenças turbulentas. O que poderia ser mais surreal do que um objeto que praticamente produz a si mesmo, e com um mínimo de esforço? Um objeto cuja beleza, cujas revelações fantásticas, cujo peso emocional serão, provavelmente, realçados por qualquer acidente que possa sobrevir? Foi a fotografia que melhor mostrou como justapor a máquina de costura ao guarda-chuva, cujo encontro fortuito foi saudado por um célebre poeta surrealista como uma síntese do belo.

À diferença dos objetos das belas-artes das eras pré-democráticas, as fotos não parecem profundamente submetidas às intenções de um artista. Devem, antes, sua existência a uma vaga cooperação (quase mágica, quase acidental) entre o fotógrafo e o tema — mediada por uma máquina cada vez mais simples e mais automática, que é infatigável e que, mesmo quando se mostra caprichosa, pode produzir um resultado interessante e nunca inteiramente errado. (O chamariz comercial da primeira Kodak, em 1888, era: "Você aperta o botão, nós fazemos o resto". O comprador tinha a garantia de que a foto sairia "sem nenhum erro".) No conto de fadas da fotografia, a caixa mágica assegura a veracidade e bane o erro, compensa a inexperiência e recompensa a inocência.

O mito é suavemente parodiado num filme mudo de 1928, *The cameraman*, que mostra um inapto e sonhador Buster Keaton pelejando em vão com seu equipamento deteriorado, derrubando portas e janelas toda vez que monta seu tripé, sem jamais conseguir uma imagem decente, embora no fim consiga um excelente flagrante jornalístico (um furo fotográfico de uma guerra de quadrilhas no bairro de Chinatown em Nova York) — por descuido. Foi o macaquinho de estimação do câmera que pôs o filme na câmera e a operou durante uma parte do tempo.

O erro dos militantes surrealistas foi imaginar que o surreal fosse algo universal, ou seja, uma questão de psicologia, ao passo que ele se revelou extremamente localizado, étnico, datado e restrito a uma classe. Assim, as primeiras fotos surreais provêm da década de 1850, quando os fotógrafos pela primeira vez saíram a vagar pelas ruas de Londres, Paris e Nova York, em busca da sua fatia de vida sem pose. Essas fotos, concretas, particulares, anedóticas (a não ser que a anedota tivesse sido apagada) — momentos de tempo perdido, de costumes desaparecidos —, parecem muito mais surreais para nós, agora, do que qualquer foto tornada abstrata e poética por efeito de superposição, de uma cópia esmaecida, de uma exposição excessiva e coisas do tipo. Acreditando que as imagens buscadas por eles provinham do inconsciente, cujo conteúdo, como freudianos fiéis, supunham ser intemporal e universal, os surrealistas entenderam mal o que havia de mais brutalmente comovedor, irracional, inassimilável, misterioso — o próprio tempo. O que torna uma foto surreal é o seu *páthos* irrefutável como mensagem do passado e a concretude de suas sugestões a respeito da classe social.

O surrealismo é um descontentamento burguês; o fato de seus militantes o tomarem por universal constitui apenas um dos sinais de que ele é tipicamente burguês. Como uma estética que almeja ser uma política, o surrealismo opta pelos oprimidos, pelos direitos de uma realidade marginal, não oficial. Mas os escândalos lisonjeados pela estética surrealista revelaram-se, em geral, nada mais do que aqueles mistérios caseiros obscurecidos pela ordem social burguesa: sexo e pobreza. Eros, que os primeiros surrealistas punham no topo da realidade tabuizada que buscavam reabilitar, era, ele mesmo, parte do mistério da posição social. Embora parecesse florescer com exuberância nos pontos extremos da escala social, encarando tanto a classe mais baixa quanto a nobreza como naturalmente libertinas, as pessoas de classe média tiveram de dar duro para promover sua revolução sexual. A classe era o mistério mais profundo; o inesgotável glamour dos ricos e poderosos, a degradação opaca dos pobres e dos párias.

A visão da realidade como um prêmio exótico a ser perseguido e capturado pelo diligente caçador-com-uma-câmera plasmou a fotografia desde os primórdios e assinala a confluência da contracultura surrealista e do aventureirismo social da classe média. A fotografia sempre foi fascinada pelas posições sociais mais elevadas e mais baixas. Os documentaristas (que não se confundem com aduladores munidos de câmeras) preferem estas últimas. Durante mais de um século, os fotógrafos rondaram os oprimidos à espreita de cenas de violência — com uma consciência impressionantemente boa. A miséria social inspirou, nos bem situados, a ânsia de tirar fotos, a mais delicada de todas as atividades predatórias, a fim de documentar uma realidade oculta, ou, antes, uma realidade oculta para eles.

Ao observar a realidade dos outros com curiosidade, com isenção, com profissionalismo, o fotógrafo ubíquo age como se essa atividade transcendesse os interesses de classe, como se a perspectiva fosse universal. De fato, a fotografia alcançou pela primeira vez o merecido reconhecimento como uma extensão do olho do *flâneur* de classe média, cuja sensibilidade foi mapeada tão acuradamente por Baudelaire. O fotógrafo é uma versão armada do solitário caminhante que perscruta, persegue, percorre o inferno urbano, o errante voyeurístico que descobre a cidade como uma paisagem de extremos voluptuosos. Adepto das alegrias da observação, *connoisseur* da empatia, o *flâneur* acha o mundo "pitoresco". As descobertas do *flâneur* de Baudelaire são diversificadamente exemplificadas pelos instantâneos singelos tirados na década de 1890 por Paul Martin, nas ruas de Londres e no litoral, e por Arnold Genthe, no bairro de Chinatown em San Francisco (ambos com uma câmera oculta); pela Paris crepuscular de Atget, com suas ruas degradadas e lojas decadentes, pelos dramas de sexo e solidão retratados no livro de Brassaï, *Paris de nuit* (1933); pela imagem da cidade como um teatro de calamidades em *Cidade nua* (1945), de Weegee. O *flâneur* não se sente atraído pelas realidades oficiais da cidade, mas sim por seus recantos escuros e sórdidos, suas populações abandonadas — uma realidade marginal por trás da fachada da vida burguesa que o fotógrafo "captura", como um detetive captura um criminoso.

Voltando ao filme *The cameraman*: uma guerra entre gangues de chineses pobres constitui um tema ideal. É totalmente exótico, portanto digno de se fotografar. Parte do que assegura o sucesso do filme feito pelo herói é que ele não compreende seu tema de forma alguma. (Tal como representado por Buster Keaton, ele nem sequer compreende que sua vida está em perigo.) O tema surreal perene é *How the other half lives* [Como vive a outra metade], para citar o título inocentemente explícito que Jacob Riis deu ao seu livro de fotos sobre os pobres de Nova York, publicado em 1890. A fotografia entendida como um documento social foi um instrumento dessa atitude essencialmente de classe média, zelosa e meramente tolerante, curiosa e também indiferente, chamada de humanismo — que via os cortiços como o cenário mais atraente. Os fotógrafos contemporâneos, é claro, aprenderam a concentrar-se e delimitar seu tema. Em lugar da insolência da "outra metade", tomemos, por exemplo, *East 100th Street* (o livro de fotos de Bruce Davidson sobre o Harlem, publicado em 1970). A justificação é ainda a mesma, que tirar fotos serve a um propósito elevado: desvelar uma verdade oculta, conservar um passado em via de desaparecer. (A verdade oculta é, além do mais, não raro identificada com o passado em via de desaparecer. Entre 1874 e 1886, os londrinos prósperos podiam filiar-se à Sociedade de Fotografia de Relíquias da Londres Antiga.)

Começando como artistas da sensibilidade urbana, os fotógrafos rapidamente tornaram-se cônscios de que a natureza é tão exótica quanto a cidade; rústica e pitoresca como os habitantes dos cortiços urbanos. Em 1897, sir Benjamin Stone, rico industrial e membro conservador do Parlamento inglês, por Birmingham, fundou a Associação Nacional de Registro Fotográfico, com o propósito de documentar as tradicionais cerimônias e festas rurais inglesas que estavam prestes a se extinguir. "Todo vilarejo", escreveu Stone, "tem uma história que deveria ser preservada por meio da câmera." Para um fotógrafo bem-nascido, do fim do século XIX, como o pedante conde Giuseppe Primoli, a vida de rua dos miseráveis era, pelo menos, tão interessante quanto os passatempos de seus pares aristocratas: comparem as fotos tiradas por Primoli do casamento do rei Victor Emmanuel com suas fotos dos pobres de Nápoles. Foi necessária a imobilidade social de um fotógrafo de gênio que calhou ser uma criança, Jacques-Henri Lartigue, para restringir o tema aos hábitos exóticos da própria família e da própria classe do fotógrafo. Mas, em essência, a câmera transforma qualquer pessoa num turista na realidade dos outros e, por fim, na sua própria realidade.

Talvez o mais antigo modelo de um olhar prolongado voltado para baixo sejam as 36 fotos contidas em *Street life in London* [Vida de rua em Londres] (1877-8), tiradas pelo viajante e fotógrafo inglês John Thomson. Mas, para cada fotógrafo especializado em pobres, muitos mais saíam à cata de uma realidade exótica de alcance mais amplo. O próprio Thomson teve uma carreira exemplar nessa linha. Antes de se voltar para os pobres de seu próprio país, já fora conhecer os gentios, uma estada que resultou em seus quatro volumes de *Illustrations of China and its people* [Ilustrações da China e de seu povo] (1873-4). E, após seu livro sobre a vida na rua dos pobres de Londres, voltou-se para a vida doméstica dos ricos de Londres: Thomson, por volta de 1880, foi o pioneiro da voga do retratismo fotográfico doméstico.

Desde o início, a fotografia profissional propunha-se, tipicamente, a ser a variedade mais abrangente de um turismo de classe, em que a maioria dos fotógrafos combinava uma coleta de dados da degradação social com retratos de celebridades ou de mercadorias (alta moda, publicidade) ou com estudos de nus. Muitas carreiras fotográficas exemplares do século XX (como as de Edward Steichen, Bill Brandt, Henri Cartier-Bresson, Richard Avedon) se desenvolveram por meio de bruscas mudanças de nível social e de relevância ética do tema. Talvez a ruptura mais dramática seja aquela ocorrida entre as obras pré e pós-guerra de Bill Brandt. Ter passado das fotos implacáveis da penúria da Depressão no Norte da Inglaterra aos retratos de celebridades elegantes e aos nus semiabstratos das últimas décadas parece, de fato, uma longa viagem. Mas não existe nada particularmente idiossincrático, ou talvez até incoerente, nesses contrastes. Viajar entre realidades degradadas e glamourosas faz parte do próprio impulso original da atividade fotográfica, a menos que o fotógrafo esteja encerrado em uma obsessão extremamente particular (como aquilo que Lewis Carroll sentia por meninas, ou o que Diane Arbus sentia pela multidão do Dia das Bruxas).

A pobreza não é mais surreal do que a riqueza; um corpo envolto em farrapos imundos não é mais surreal do que uma *principessa* trajada para um baile, ou do que um nu imaculado. O surreal é a distância imposta, e ligada como por uma ponte, pela foto: a distância social e a distância no tempo. Vistas da perspectiva que a classe média tem da fotografia, as celebridades são tão intrigantes quanto os párias. Os fotógrafos não precisam ter uma atitude irônica, inteligente, com respeito a seu material estereotipado. O fascínio submisso, respeitoso, pode também servir perfeitamente, sobretudo com os temas mais convencionais.

Nada poderia estar mais longe das, digamos, sutilezas de Avedon do que a obra de Ghitta Carell, fotógrafa húngara das celebridades da era de Mussolini. Mas suas fotos parecem, agora, tão excêntricas quanto as de Avedon, e muito mais surreais do que as de influência surrealista tiradas por Cecil Beaton, do mesmo período. Ao situar seus temas — vejam as fotos que tirou de Edith Sitweel, em 1927, e de Cocteau, em 1936 — em cenários extravagantes e suntuosos, Beaton os transforma em efígies demasiadamente explícitas e inconvincentes. Mas a cumplicidade inocente de Carell com o desejo de seus generais, aristocratas e atores italianos de parecer estáticos, posados, glamourosos, revela uma dura e rigorosa verdade sobre eles. A reverência da fotógrafa tornou-os interessantes; o tempo tornou-os inofensivos, todos demasiado humanos.

Alguns fotógrafos se fazem de cientistas, outros, de moralistas. Os cientistas fazem um inventário do mundo; os moralistas concentram-se em pessoas com sérios problemas. Um exemplo de fotografia como ciência é o projeto iniciado por August Sander em 1911: um catálogo fotográfico do povo alemão. Em contraste com os desenhos de George Grosz, que sintetizavam o espírito e a variedade dos tipos sociais da Alemanha de Weimar por meio da caricatura, as "fotos arquetípicas" de Sander (como ele as chamava) supõem uma neutralidade pseudocientífica semelhante àquela reclamada pelas ciências tipológicas dissimuladamente partidárias que se difundiram no século XIX, como a frenologia, a criminologia, a psiquiatria e a eugenia. Não se tratava tanto do fato de Sander haver escolhido indivíduos de acordo com o caráter representativo deles, mas sim de haver suposto, corretamente, que a câmera não pode deixar de revelar os rostos como máscaras sociais. Cada pessoa fotografada era um emblema de determinada classe, ofício ou profissão. Todos os seus temas são representativos, igualmente representativos, de determinada realidade social — a deles mesmos.

O olhar de Sander não é brutal; é permissivo, não julga. Comparem sua foto *Circus people*, de 1930, com os estudos feitos por Diane Arbus das pessoas que trabalham em circos, ou com os retratos de personagens do *demi-monde* feitos por Lisette Model. As pessoas encaram a câmera de Sander como fazem nas fotos de Model e de Arbus, mas seu olhar não é íntimo, revelador. Sander não buscava segredos; observava o típico. A sociedade não contém mistérios. A exemplo de Eadweard Muybridge, cujos estudos fotográficos na década de 1880 conseguiram dissipar equívocos acerca daquilo que todos sempre tinham visto (como galopam os cavalos, como se movem as pessoas) porque ele subdividira os movimentos do tema em uma sequência de instantâneos bastante precisa e longa, Sander tencionava lançar luz sobre a ordem social atomizando-a em um número indefinido de tipos sociais. Não parece surpreendente que em 1934, cinco anos após sua publicação, os nazistas tenham apreendido os exemplares não vendidos do livro de Sander intitulado *Antlitz der Zeit* [A face do tempo] e destruído as matrizes de impressão, pondo um fim abrupto a seu projeto de um retrato nacional. (Sander, que permaneceu na Alemanha durante o período nazista, desviou-se para a fotografia de paisagens.) A acusação alegava que o projeto de Sander era antissocial. O que podia ter parecido antissocial para os nazistas era a ideia do fotógrafo como um impassível funcionário de um censo, cujo registro completo tornaria supérfluo qualquer comentário, ou até qualquer julgamento.

À diferença da maior parte da fotografia de intenção documental, fascinada pelos pobres e pelos estranhos como temas fotografáveis por excelência, ou por celebridades, a amostra social de Sander é invulgarmente, e conscientemente, ampla. Inclui burocratas e camponeses, serviçais e senhoras da sociedade, operários e industriais, soldados e ciganos, atores e balconistas. Mas tal variedade não exclui a condescendência de classe. O estilo eclético de Sander o denuncia. Certas fotos são espontâneas, fluentes, naturalistas; outras são ingênuas e constrangidas. As numerosas fotos posadas, tiradas contra um fundo branco e sem contraste, são um cruzamento de magníficas fotos de arquivo policial com antiquados retratos de estúdio. Sem acanhamentos, Sander adaptava seu estilo à escala social da pessoa a quem fotografava. Os ricos e os profissionais de alto escalão tendem a ser fotografados em ambientes internos, sem acessórios. Eles falam por si mesmos. Os trabalhadores e os miseráveis são, em geral, fotografados em um cenário (muitas vezes, ao ar livre) que os situa, que fala por eles — como se a eles não se pudesse admitir a posse do tipo de identidade própria normalmente alcançada nas classes média e alta.

Na obra de Sander, todos estão devidamente situados, ninguém está perdido, confinado ou descentrado. Um retardado é fotografado exatamente da mesma forma desapaixonada que um pedreiro; e um veterano perneta da Primeira Guerra Mundial, da mesma forma que um jovem e saudável soldado de uniforme; estudantes comunistas de caras fechadas, da mesma forma que nazistas sorridentes; um capitão de indústria, da mesma forma que um cantor de ópera. "Não tenho intenção de criticar nem de descrever essas pessoas", disse Sander. Embora talvez já fosse de se esperar que ele alegasse não criticar seus temas, ao fotografá-los, é interessante que tenha pensado que tampouco os descrevia. A cumplicidade de Sander com todos também significa uma distância de todos. Sua cumplicidade com seus temas não é ingênua (como a de Carrell), mas niilista. A despeito de seu realismo de classe, trata-se de uma das obras mais genuinamente abstratas na história da fotografia.

É difícil imaginar um americano tentando produzir uma taxonomia abrangente semelhante à de Sander. Os grandes retratos fotográficos dos Estados Unidos — como *American photographs* (1938), de Walker Evans, e *The Americans* (1959), de Robert Frank — foram colhidos deliberadamente ao acaso, embora continuassem a refletir o gosto tradicional do documentário fotográfico pelos pobres e despossuídos, os cidadãos que a nação esqueceu. E o mais ambicioso projeto fotográfico coletivo já realizado neste país, por iniciativa da Secretaria de Segurança no Trabalho Rural, em 1935, sob a direção de Roy Emerson Stryker, preocupava-se apenas com "grupos de baixa renda".* O projeto, concebido como

---

* Apesar de ter mudado, como está indicado num memorando de Stryker para a sua equipe em 1942, quando as novas necessidades morais da Segunda Guerra Mundial faziam dos pobres um tema demasiado pessimista. "Temos de obter imediatamente: fotos de homens, mulheres e crianças que pareçam acreditar de fato nos EUA. Arranjem pessoas com certo ânimo. Uma parte grande demais de

"uma documentação iconográfica de nossas áreas rurais e de nossos problemas rurais" (palavras de Stryker), era descaradamente propagandístico, e Stryker instruía sua equipe quanto à atitude que deveria assumir diante de seu problemático tema. O intuito do projeto era demonstrar o valor das pessoas fotografadas. Portanto definia implicitamente seu ponto de vista: o de pessoas de classe média que precisavam ser convencidas de que os pobres eram mesmo pobres, e de que eram dignos. É instrutivo comparar as fotos desse projeto com as de Sander. Se os pobres não carecem de dignidade nas fotos de Sander, não é por causa de nenhuma intenção compassiva. Eles têm dignidade por justaposição, porque são vistos da mesma maneira fria que todos os demais.

A fotografia americana raramente se mostrou tão imparcial. Para uma abordagem semelhante à de Sander, devemos nos voltar a pessoas que documentaram uma parte moribunda ou relegada dos Estados Unidos — como Adam Clark Vroman, que fotografou os índios no Arizona e no Novo México em 1895 e 1904. As bonitas fotos de Vroman são inexpressivas, sem condescendência, sem sentimentalismo. Seu espírito é o exato oposto das fotos da Secretaria de Segurança no Trabalho Rural: não são comoventes, não têm estilo, não solicitam solidariedade. Não fazem nenhuma propaganda a favor dos índios. Sander não sabia que fotografava um mundo em via de desaparecer. Vroman sabia. Também sabia não haver salvação para o mundo que registrava.

---

nosso arquivo retrata os EUA como uma terra de velhos, como se todos fossem velhos demais para trabalhar e malnutridos demais para se importar com o que aconteça. [...] Precisamos, especialmente, de homens e mulheres jovens que trabalhem em fábricas. [...] Donas de casa em suas cozinhas ou em seu jardim, colhendo flores. Casais de idosos de aspecto mais satisfeito."

A fotografia na Europa foi amplamente orientada por noções do pitoresco (ou seja, os pobres, os estrangeiros, os antigos), do importante (ou seja, os ricos, os famosos) e do belo. As fotos tendiam a louvar ou a mirar de forma neutra. Os americanos, menos convencidos da permanência de qualquer ordenação social básica, especialistas na "realidade" e na inevitabilidade da mudança, produziram, de modo mais frequente, uma fotografia militante. Tiravam-se fotos não só para mostrar o que devia ser admirado, mas para revelar o que precisava ser enfrentado, deplorado — e corrigido. A fotografia americana supõe uma ligação mais sumária, menos estável, com a história; e uma relação mais esperançosa e também mais predatória com a realidade geográfica e social.

O lado esperançoso é exemplificado no uso bem conhecido que se faz das fotos nos Estados Unidos, com o intuito de despertar a consciência. No começo do século XX, Lewis Hine foi nomeado fotógrafo oficial da Comissão Nacional do Trabalho Infantil, e suas fotos de crianças trabalhando em algodoarias, plantações de beterraba e minas de carvão influenciaram, de fato, legisladores a tornar ilegal o trabalho infantil. Durante o New Deal, o projeto de Stryker, da Secretaria de Segurança no Trabalho Rural (Stryker era um discípulo de Hine), trouxe para Washington informações sobre meeiros e trabalhadores migrantes, de sorte que os burocratas puderam imaginar um modo de ajudá-los. Mas, mesmo em sua modalidade mais moralista, a fotografia documental era também imperiosa, em outro sentido. Tanto o imparcial relatório de viajante de Thomson como a apaixonada denúncia de Riis ou de Hine refletem a ânsia de se apropriar de uma realidade alheia. E nenhuma realidade está a salvo de apropriação, nem quando se trata de uma realidade escandalosa (que deveria ser corrigida) ou meramente bela (ou que poderia tornar-se bela por efeito da câmera). Em termos ideais, o fotógrafo era capaz de tornar as duas realidades afins, como exemplifica o título de uma entrevista feita com Hine, em 1920: "Tratando o trabalho de forma artística".

O lado predatório da fotografia situa-se no coração da aliança entre fotografia e turismo, que se manifestou de forma evidente nos Estados Unidos, antes de qualquer outro lugar. Após a expansão para o oeste, em 1869, com a conclusão da ferrovia transcontinental, veio a colonização por meio da fotografia. O caso dos índios americanos é o mais brutal. Amadores sérios e discretos como Vroman já estavam em ação desde o fim da Guerra Civil. Eram a vanguarda do exército de turistas que chegaram no fim do século, ávidos por "uma boa foto" da vida dos índios. Os turistas invadiram a privacidade dos índios, fotografavam objetos sagrados, danças e locais sagrados, pagavam, se necessário, aos índios para posarem e induziam-nos a alterar suas cerimônias a fim de propiciar um material mais fotogênico.

Mas a cerimônia nativa que é alterada quando a horda de turistas assola as tribos não é tão diferente de um escândalo, na parte velha e pobre de uma cidade, que é corrigido depois que alguém o fotografou. Na medida em que os denunciadores obtinham resultado, também alteravam aquilo que fotografavam; de fato, fotografar uma coisa tornou-se uma parte rotineira do processo de alterá-la. O perigo era o de uma mudança simbólica — limitada à leitura mais estrita possível do tema da foto. O cortiço específico de Mulberry Bend, em Nova York, fotografado por Riis no final da década de 1880, foi logo depois demolido, e seus habitantes, transferidos por ordem de Theodore Roosevelt, na ocasião governador de estado, ao passo que outros cortiços igualmente horríveis foram deixados intactos.

O fotógrafo saqueia e também preserva, denuncia e consagra. A fotografia exprime a impaciência americana com a realidade, o gosto por atividades cujo instrumento é uma máquina.

"Na base de tudo está a velocidade", como disse Hart Crane (escrevendo sobre Stieglitz, em 1923), "um centésimo de segundo captado de forma tão precisa que o movimento continua, indefinidamente, a partir da foto: o momento convertido no eterno." Em face da espantosa amplitude e estranheza de um continente recém-conquistado, as pessoas manejavam as câmeras como um modo de tomar posse dos lugares que visitavam. A Kodak pôs placas na entrada de muitas cidades com uma lista do que fotografar. Nos parques nacionais, placas assinalavam os locais em que os visitantes deveriam empunhar suas câmeras.

Sander está à vontade em seu próprio país. Os fotógrafos americanos se encontram, muitas vezes, em viagem, dominados por um encanto desrespeitoso ante aquilo que o país oferece em termos de surpresas surreais. Os moralistas e os saqueadores meticulosos, crianças e estrangeiros em sua própria terra, encontrarão algo em via de desaparecer — e, não raro, apressarão seu desaparecimento ao fotografá-lo. Fotografar, como fez Sander, um espécime após o outro, em busca de um inventário idealmente completo, pressupõe que a sociedade possa ser encarada como uma totalidade abrangente. Os fotógrafos europeus admitiam que a sociedade contém algo da estabilidade da natureza. A natureza nos Estados Unidos sempre esteve desconfiada, na defensiva, canibalizada pelo progresso. Nos Estados Unidos, todo espécime se torna uma relíquia.

A paisagem americana sempre pareceu demasiado variada, vasta, misteriosa, fugidia para entregar-se ao cientificismo. "Ele não *sabe*, não pode *dizer*, diante dos fatos", escreveu Henry James em *The American scene* [O panorama americano] (1907),

> nem quer saber ou dizer; os próprios fatos em si mesmos avultam, diante do entendimento, em um volume demasiado grande para simplesmente caber na boca; é como se as sílabas fossem numero-

sas demais para formar uma palavra legível. A palavra *ilegível*, por conseguinte, a grande e inescrutável resposta às perguntas, paira no vasto céu americano, para sua imaginação, como algo fantástico e *abracadabrante*, que não pertence a nenhuma língua conhecida, e é sob esse conveniente pendão que ele viaja, delibera e contempla e, até onde é capaz, desfruta.

Os americanos sentem a realidade de seu país como algo tão estupendo, e mutável, que seria a mais grosseira presunção abordá-la com uma atitude classificatória, científica. Poder-se-ia chegar a ela de forma indireta, por meio de um subterfúgio — estilhaçando-a em fragmentos estranhos que, de algum modo, poderiam, por sinédoque, ser tomados pelo todo.

Os fotógrafos americanos (como os escritores americanos) postulam algo inefável na realidade nacional — algo, possivelmente, que nunca foi visto antes. Jack Kerouac começa sua introdução ao livro *The Americans*, de Robert Frank, assim:

> Esse sentimento louco nos Estados Unidos quando o sol queima as ruas e a música ressoa da vitrola automática ou de um enterro que passa na vizinhança, eis o que Robert Frank captou nessas fotos tremendas, tiradas enquanto viajava pelas estradas de quase 48 estados, num carro velho e surrado (graças a uma bolsa da Guggenheim), e, com a agilidade, o mistério, o gênio, a tristeza e o estranho segredo de uma sombra, fotografou cenas nunca antes vistas em filmes. [...] Depois de ver essas fotos, fica-se sem saber se uma vitrola automática é mais triste do que um caixão.

Qualquer inventário dos Estados Unidos é, inevitavelmente, anticientífico, uma delirante e "abracadabrante" confusão de objetos, em que vitrolas automáticas parecem caixões. James pelo menos conseguiu formular o juízo tortuoso de que "esse efeito particular da escala das coisas é o único efeito que, por todo o território, não é diretamente avesso à alegria". Para Kerouac — em nome da principal tradição da fotografia americana —, a atitude predominante é a tristeza. Por trás da pretensão ritualizada dos fotógrafos americanos de olhar à sua volta, ao acaso, sem preconceitos — iluminando temas, registrando-os serenamente —, repousa uma pesarosa visão de perda.

A eficácia do relatório de perdas feito pela fotografia depende de ela ampliar, de maneira constante, a iconografia familiar do mistério, da mortalidade, da transitoriedade. Os fantasmas mais tradicionais são invocados por alguns fotógrafos americanos mais velhos, como Clarence John Laughlin, um autodeclarado expoente do "romantismo extremado" que começou, em meados da década de 1930, a fotografar casas de fazenda de decadentes no baixo Mississippi, monumentos fúnebres nos cemitérios pantanosos de Louisiana, interiores de residências vitorianas em Milwaukee e Chicago; mas o método funciona igualmente bem com temas que não cheirem tanto, nem de forma tão convencional, a passado, como numa foto de Laughlin de 1962, *Spectre of Coca-Cola* [Espectro de Coca-Cola]. Além do romantismo (extremado ou não) acerca do passado, a fotografia oferece um romantismo instantâneo sobre o presente. Nos Estados Unidos, o fotógrafo não é simplesmente a pessoa que registra o passado, mas aquela que o inventa. Como escreveu Berenice Abbott: "O fotógrafo é o ser contemporâneo por excelência; através dos seus olhos, o agora se torna passado".

Voltando de Paris para Nova York em 1929, após os anos de aprendizagem com Man Ray e após sua descoberta (e resgate) da obra até então mal conhecida de Eugène Atget, Abbott pôs-se a registrar a cidade. No prefácio ao seu livro de fotos publicado em 1939, *Changing New York* [Mudando Nova York], ela explica: "Se eu nunca tivesse deixado os Estados Unidos, nunca teria desejado fotografar Nova York. Mas quando eu a vi com novos olhos, reconheci que era o meu país, algo que eu tinha de registrar em fotografias". O projeto de Abbott ("eu queria registrá-lo antes que mudasse completamente") soa semelhante ao de Atget, que passou os anos entre 1898 e sua morte, em 1927, documentando furtiva e pacientemente uma Paris em pequena escala, corroída pelo tempo, em via de desaparecer. Mas Abbott registra algo ainda mais fantástico: a incessante substituição do novo. A Nova York dos anos 1930 era muito diferente de Paris: "menos beleza e tradição do que a fantasia nativa que emergia da ganância acelerada". O livro de Abbott tem um título condizente, pois, em vez de erguer um monumento ao passado, ela simplesmente documenta dez anos da crônica capacidade autodestrutiva da experiência americana, em que mesmo o passado recente é constantemente corroído, varrido, demolido, removido, substituído. Um número cada vez menor de americanos possui objetos com pátina, móveis antigos, jarras e panelas dos avós — as coisas usadas, que trazem o calor do toque humano de várias gerações, que Rilke celebrou nas *Elegias de Duino* como essenciais à paisagem humana. Em lugar disso, temos nossas fantasmagorias de papel, paisagens transistorizadas. Um museu portátil e peso-pena.

Fotos, que transformam o passado num objeto de consumo, são um atalho. Qualquer coleção de fotos é um exercício de montagem surrealista e a sinopse surrealista da história. Assim como Kurt Schwitters e, mais recentemente, Bruce Conner e Ed Kienholz criaram magníficos objetos, quadros vivos e ambientes a partir de refugo, nós agora construímos uma história a partir de nossos detritos. E uma certa virtude, de um tipo cívico adequado a uma sociedade democrática, está vinculada a essa prática. O modernismo verdadeiro não é austeridade, mas uma plenitude de garagem bagunçada — a paródia intencional do magnânimo sonho de Whitman. Sob a influência dos fotógrafos e dos artistas pop, arquitetos como Robert Venturi seguem o ensinamento de Las Vegas e julgam a Times Square uma sucessora apropriada para a Piazza San Marco; e Reyner Banham louva "a arquitetura e a paisagem urbana instantâneas" de Los Angeles, em razão do seu dom para a liberdade, para uma vida boa, impossível em meio às belezas e às misérias da cidade europeia — exaltando a liberação proporcionada por uma sociedade cuja consciência é construída, *ad hoc*, de sucata e de refugo. Os Estados Unidos, este país surreal, estão repletos de objetos encontrados. Nosso refugo tornou-se arte. Nosso refugo tornou-se história.

As fotos são, é claro, artefatos. Mas seu apelo reside em também parecerem, num mundo atulhado de relíquias fotográficas, ter o status de objetos encontrados — lascas fortuitas do mundo. Assim, tiram partido simultaneamente do prestígio da arte e da magia do real. São nuvens de fantasia e pílulas de informação. A fotografia tornou-se a arte fundamental das sociedades prósperas, perdulárias e inquietas — uma ferramenta indispensável da nova cultura de massa que tomou forma, aqui, após a Guerra Civil, e só conquistou a Europa após a Segunda Guerra Mundial, embora seus valores tenham alcançado uma base sólida entre os ricos já na década de 1850, quando, segundo a descrição melancólica de Baudelaire, "nossa sociedade degradada" tornou-se narcisisticamente extasiada pelo "método barato de disseminar a aversão à história" criado por Daguerre.

O apego surrealista à história supõe também um refluxo da melancolia, bem como uma voracidade e uma insolência superficiais. Logo no início da fotografia, no fim da década de 1830, William H. Fox Talbot percebeu a faculdade especial da câmera para registrar "os estragos do tempo". Fox Talbot referia-se ao que ocorre aos prédios e monumentos. Para nós, as abrasões mais interessantes não são de pedra, mas de carne. Por meio das fotos, acompanhamos da maneira mais íntima e perturbadora o modo como as pessoas envelhecem. Olhar para uma velha foto de si mesmo, de alguém que conhecemos ou de alguma figura pública muito fotografada é sentir, antes de tudo: como eu (ela, ele) era muito mais jovem na época. A fotografia é o inventário da mortalidade. Basta, agora, um toque do dedo para dotar um momento de uma ironia póstuma. As fotos mostram as pessoas incontestavelmente presentes *num lugar* e numa época específica de suas vidas; agrupam pessoas e coisas que, um instante depois, se dispersaram, mudaram, seguiram o curso de seus destinos independentes. A reação diante das fotos tiradas por Roman Vishniac, em 1938, da vida cotidiana nos guetos na Polônia é irresistivelmente afetada pela consciência de que, pouco depois, todas aquelas pessoas seriam mortas. Para o errante solitário, todos os rostos nas fotos estereotipadas, aninhadas atrás de um vidro e presas a uma lápide nos cemitérios dos países latinos, parecem conter um presságio da sua morte. As fotos declaram a inocência, a vulnerabilidade de vidas que rumam para a própria destruição, e esse vínculo entre fotografia e morte assombra todas as fotos de pessoas. Alguns trabalhadores berlinenses no filme *Menschen am Sonntag* [Pessoas aos domingos] (1929), de Robert Siodmak, se fazem fotografar no fim de um passeio de domingo. Um a um, eles se põem diante da caixa preta do fotógrafo ambulante — dão um sorriso forçado, se mostram nervosos, brincam, olham fixamente. A câmera do filme se demora em *closes* para nos permitir saborear a mobilidade de cada rosto; em seguida, vemos o rosto congelado em sua última expressão, embalsamado numa imagem parada. As fotos chocam, no correr do filme — transmutam, num instante, o presente no passado, a vida na morte. E um dos filmes mais inquietantes já feitos, *La jetée* (1963), de Chris Marker, é a história de um homem que prevê a própria morte, inteiramente narrada com imagens paradas.

Assim como o fascínio exercido pelas fotos é um lembrete da morte, é também um convite ao sentimentalismo. As fotos transformam o passado no objeto de um olhar afetuoso, embaralham as distinções morais e desarmam os juízos históricos por meio do *páthos* generalizado de contemplar o tempo passado. Um livro recente organiza em ordem alfabética as fotos de um incoerente grupo de celebridades como se fossem bebês ou crianças. Stalin e Gertrude Stein, dispostos em duas páginas vizinhas, parecem igualmente solenes e mimosos; Elvis Presley e Proust, outro par de jovens vizinhos de página, parecem-se ligeiramente; Hubert Humphrey (três anos) e Aldous Huxley (oito anos), lado a lado, têm em comum o fato de ambos já apresentarem os vigorosos exageros de caráter pelos quais viriam a ser conhecidos quando adultos. Nenhum retrato no livro é destituído de interesse e de encanto, em vista daquilo que conhecemos (incluindo as fotos, em muitos casos) sobre as criaturas famosas que aquelas crianças viriam a se tornar. Para essa e outras ousadias similares da ironia surrealista, instantâneos ingênuos ou os retratos de estúdio mais convencionais são extremamente eficazes: tais imagens parecem ainda mais estranhas, comoventes, premonitórias.

Reabilitar fotos antigas, atribuindo a elas um contexto novo, tornou-se um importante ramo na indústria do livro. Uma foto é apenas um fragmento e, com a passagem do tempo, suas amarras se afrouxam. Ela se solta à deriva num passado flexível e abstrato, aberto a qualquer tipo de leitura (ou de associação a outras fotos). Uma foto também poderia ser descrita como uma citação, o que torna um livro de fotos semelhante a um livro de citações. E um modo cada vez mais comum de apresentar fotos em forma de livro consiste em associar fotos a citações.

Um exemplo: *Down home* (1972), de Bob Adelman, um retrato de um condado rural do Alabama, um dos mais pobres do país, realizado num período de cinco anos, na década de 1960. Exemplo da contínua predileção da fotografia documental pelos perdedores, o livro de Adelman descende de *Let us now praise famous men*, cuja graça era justamente ter por tema não pessoas famosas, mas sim esquecidas. Porém as fotos de Walker Evans vinham acompanhadas de uma prosa eloquente escrita (às vezes de modo rebuscado) por James Agee, que tencionava aprofundar a empatia do leitor com a vida dos meeiros. Ninguém pretende falar em nome dos temas de Adelman. (É típica das simpatias liberais que animam o livro sua pretensão de não adotar nenhum ponto de vista — ou seja, de ser uma visão inteiramente imparcial, sem empatia com seus temas.) *Down home* poderia ser considerado uma versão em miniatura, em escala municipal, do projeto de August Sander: compilar um registro fotográfico objetivo de todo um povo. Mas aqueles espécimes falam, o que atribui a essas fotos despretensiosas um peso que não teriam por si sós. De par com suas palavras, suas fotos caracterizam os cidadãos do condado de Wilcox como pessoas obrigadas a proteger ou a expor seu território; sugerem que essas vidas são, no sentido literal, uma série de posições ou de poses.

Outro exemplo: *Wisconsin death trip* (1973), de Michael Lesy, que também constrói, com a ajuda de fotos, o retrato de um município rural — mas o tempo é o passado, entre 1890 e 1910, anos de grave recessão e de dificuldades econômicas, e o condado de Jackson é reconstruído por meio de objetos encontrados, que datam dessas décadas. Consistem em uma seleção de fotos tiradas por Charles Van Schaik, o fotógrafo comercial mais importante no condado, de quem cerca de 3 mil negativos de vidro se encontram guardados na Sociedade Histórica Estadual de Wisconsin; e em citações de fontes da época, sobretudo jornais locais e registros do hospício municipal, além de obras de ficção sobre o Meio-Oeste. As citações nada têm a ver com as fotos, mas estão relacionadas a elas de um modo aleatório, intuitivo, como as palavras e os sons compostos por John Cage se combinam, na hora da apresentação, com os movimentos de dança já coreografados por Merce Cunningham.

As pessoas fotografadas em *Down home* são as autoras das declarações que lemos nas páginas de abertura. Negros e brancos, pobres e ricos, que apresentam pontos de vista contrastantes (em especial, no que concerne a classe e a raça). Mas enquanto as afirmações que acompanham as fotos de Adelman contradizem-se mutuamente, os textos que Lesy coligiu dizem todos a mesma coisa: que um espantoso número de pessoas, nos Estados Unidos da virada do século, era propenso a se enforcar nos estábulos, a jogar seus bebês dentro do poço, a cortar a garganta do cônjuge, a tirar a roupa no meio da rua principal, a queimar a colheita do vizinho e a cometer vários outros atos passíveis de levá-las à prisão ou ao hospício. No caso de alguém pensar que foi o Vietnã e todo o temor doméstico e a degradação da última década que tornaram os Estados Unidos um país de esperanças sombrias, Lesy argumenta que o sonho entrou em colapso no fim do século XIX — não nas cidades desumanas, mas nas comunidades rurais; que o país inteiro ficou enlouquecido, e por um longo tempo. É claro, *Wisconsin death trip* na verdade não prova nada. A força de seu argumento histórico é a força da colagem. Para as fotos perturbadoras, elegantemente erodidas pelo tempo, tiradas por Van Schaick, Lesy poderia ter encontrado outros textos do período — cartas de amor, diários — a fim de dar uma impressão diferente, talvez menos desesperada. Seu livro é estimulante, de um pessimismo polêmico ao gosto da moda e totalmente extravagante como história.

Vários autores americanos, em especial Sherwood Anderson, escreveram de forma igualmente polêmica sobre as misérias da vida nas cidades pequenas, aproximadamente na mesma época focalizada pelo livro de Lesy. Mas, embora obras de fotoficção como *Wisconsin death trip* expliquem menos do que muitos contos e romances, convencem mais, hoje, porque têm a autoridade de um documento. Fotos — e citações —, porque são tidas como pedaços da realidade, parecem mais autênticas do que amplas narrativas literárias. A única prosa que parece confiável para um número cada vez maior de leitores não é a escrita refinada de alguém como Agee, mas o registro cru — fala, editada ou não, registrada em fitas de gravador; fragmentos ou textos integrais de documentos subliterários (atas de tribunal, cartas, diários, relatos de casos psiquiátricos etc.); relatos desleixados, autodepreciativos, não raro paranoicos, feitos em primeira pessoa. Existe uma suspeita rancorosa nos Estados Unidos em torno de tudo o que pareça literário, para não falar de uma crescente relutância, da parte dos jovens, em ler o que quer que seja, mesmo legendas em filmes estrangeiros ou o texto na contracapa dos discos, o que em parte explica o novo apetite por livros com poucas palavras e muitas fotos. (É claro, a fotografia em si reflete, cada vez mais, o prestígio do tosco, do autodepreciativo, do improvisado, do indisciplinado — do "antifotográfico".)

"Todos os homens e mulheres que o escritor conheceu tornaram-se grotescos", diz Anderson no prólogo de *Winesburg, Ohio* (1919), título que deveria ser, na origem, *The book of the grotesque* [O livro do grotesco]. E continua: "Os grotescos não eram todos horríveis. Alguns eram engraçados, outros, quase belos". O surrealismo é a arte de generalizar o grotesco e depois descobrir as nuances (e os encantos) *nisso*. Nenhuma atividade está mais bem equipada do que a fotografia para exercitar o modo surrealista de olhar, e, no fim, acabamos por olhar todas as fotos de maneira surrealista. As pessoas andam revirando seus sótãos e os arquivos da cidade e as sociedades históricas estatais à cata de fotos antigas; redescobrem-se os fotógrafos mais obscuros e esquecidos. Os livros de fotos formam pilhas cada vez mais altas — reavaliando o passado perdido (daí a ascensão da fotografia amadora), tomando a temperatura do presente. As fotos oferecem história instantânea, sociologia instantânea, participação instantânea. Mas existe algo notavelmente anódino nessas novas formas de empacotar a realidade. A estratégia surrealista, que prometia um novo e empolgante posto de observação para a crítica radical da cultura moderna, transformou-se numa ironia fácil que democratiza todos os dados, que equipara sua dispersão de dados à história. O surrealismo só consegue oferecer um juízo reacionário; só consegue obter da história um acúmulo de singularidades, uma piada, uma paixão pela morte.

O gosto por citações (e pela justaposição de citações incongruentes) é um gosto surrealista. Assim, Walter Benjamin — cuja sensibilidade surrealista é a mais profunda de que se tem registro — era um apaixonado colecionador de citações. Em seu magistral ensaio sobre Benjamin, Hannah Arendt conta que "nos anos 1930, nada nele era mais característico do que os caderninhos de capa preta que sempre trazia consigo e nos quais, incansavelmente, anotava na forma de citações aquilo que a vida e a leitura diárias lançavam em sua rede, à maneira de 'pérolas' e 'coral'. Às vezes, lia-as em voz alta, mostrava-as como peças de uma coleção seleta e preciosa". Embora coligir citações possa ser visto como mero mimetismo irônico — uma coleção sem vítimas, por assim dizer —, isso não deve ser interpretado como um sinal de que Benjamin desaprovava o objeto da ironia, ou de que não se deliciava com ele. Pois Benjamin tinha a convicção de que a própria realidade solicitava — e justificava — os ofícios outrora negligentes e inevitavelmente destrutivos do colecionador. Num mundo que está bem adiantado em seu caminho para tornar-se um vasto garimpo a céu aberto, o colecionador se transforma em alguém engajado num consciencioso trabalho de salvamento. Como o curso da história moderna já solapou as tradições e fez em pedaços as totalidades vivas em que os objetos preciosos encontravam, outrora, seu lugar, o colecionador pode agora, em boa consciência, sair a escavar os fragmentos mais seletos e emblemáticos.

O passado mesmo, uma vez que as mudanças históricas continuam a se acelerar, transformou-se no mais surreal dos temas — tornando possível, como disse Benjamin, ver uma beleza nova no que está em via de desaparecer. Desde o início, os fotógrafos não só se atribuíram a tarefa de registrar um mundo em via de desaparecer como foram empregados com esse fim por aqueles mesmos que apressavam o desaparecimento. (Já em 1842, essa incansável valorizadora dos tesouros da arquitetura francesa, Viollet-le-Duc, contratou uma série de daguerreótipos da catedral de Notre Dame, antes de dar início à restauração.) "Renovar o velho mundo", escreveu Benjamin, "eis o mais profundo desejo do colecionador quando tem o impulso de comprar coisas novas." Mas o velho não pode ser renovado — sem dúvida, não com citações; e esse é o aspecto digno de pena, quixotesco, da atividade fotográfica.

As ideias de Benjamin são dignas de menção porque ele foi o mais original e importante crítico da fotografia — apesar (e por causa) da contradição interna em sua apreciação da fotografia, que resulta do desafio apresentado por sua sensibilidade surrealista a seus princípios marxistas/brechtianos — e porque o projeto ideal do próprio Benjamin soa como uma versão sublimada da atividade do fotógrafo. Tal projeto era uma obra de crítica literária que deveria consistir inteiramente em citações e, assim, seria destituída de qualquer coisa capaz de trair empatia. Um repúdio à empatia, um desdém contra mascatear mensagens, uma pretensão de ser invisível — essas são estratégias sancionadas pela maioria dos fotógrafos profissionais. A história da fotografia revela uma longa tradição de ambivalência a respeito de sua capacidade de tomar partido: adotar um dos lados é tido como minar sua perpétua premissa de que todos os temas têm validade e interesse. Mas aquilo que em Benjamin é uma torturante ideia de minúcia, destinada a permitir que o passado mudo fale com voz própria, com toda a sua complexidade insolúvel, se torna — quando generalizado, na fotografia — a descriação do passado (no próprio ato de preservá-lo), a fabricação de uma realidade nova, paralela, que torna o passado algo imediato, ao mesmo tempo que sublinha sua ineficácia cômica ou trágica, reveste a especificidade do passado com uma ironia ilimitada, transforma o presente no passado e o passado em condição pretérita.

Assim como o colecionador, o fotógrafo é animado por uma paixão que, mesmo quando aparenta ser paixão pelo presente, está ligada a um sentido do passado. Mas, enquanto as artes tradicionais da consciência histórica tentam pôr o passado em ordem, distinguindo o inovador do retrógrado, o central do marginal, o relevante do irrelevante ou meramente interessante, a abordagem do fotógrafo — a exemplo do colecionador — é assistemática, a rigor, antissistemática. O entusiasmo do fotógrafo por um tema não tem nenhuma relação essencial com seu conteúdo ou seu valor, aquilo que torna um tema classificável. É, acima de tudo, uma afirmação da existência do tema; sua honestidade (a honestidade de um olhar cara a cara, da ordenação de um grupo de objetos), que equivale ao padrão de autenticidade do colecionador; sua quididade — quaisquer virtudes que o tornam único. O olhar do fotógrafo profissional, sôfrego e superiormente obstinado, é um olhar que não só resiste à classificação e à avaliação tradicionais dos temas, como busca, de forma consciente, desafiá-las e subvertê-las. Por essa razão, sua abordagem do assunto em foco é bem menos aleatória do que em geral se alega.

Em princípio, a fotografia cumpre o ditame surrealista de adotar uma atitude intransigentemente igualitária em relação ao assunto. (Tudo é "real".) De fato, a fotografia — a exemplo do próprio gosto surrealista preponderante — revelou um apego inveterado ao lixo, a coisas repugnantes, dejetos, superfícies esfoladas, bugigangas estranhas, *kitsch*. Assim, Atget especializou-se nas belezas periféricas de veículos estropiados, vitrines vistosas ou fantásticas, na arte brega dos cartazes de lojas e dos carrosséis, ornatos de pórticos, curiosas aldrabas de porta e grades de ferro batido, ornamentos de gesso na fachada de casas desmanteladas. O fotógrafo — e o consumidor de fotos — segue os passos do trapeiro, um dos personagens prediletos de Baudelaire, para o poeta moderno:

> Tudo o que a cidade grande jogou fora, tudo o que perdeu, tudo o que desprezou, tudo o que esmagou a seus pés, ele cataloga e recolhe. [...] Escolhe as coisas e faz uma seleção sábia; como um avarento que guarda seu tesouro, ele recolhe o refugo que vai assumir a forma de objetos úteis ou gratificantes entre os dentes da deusa da Indústria.

Fábricas desertas e avenidas atulhadas de anúncios parecem tão belas, pelo olho da câmera, como igrejas e paisagens pastorais. Mais belas, até, segundo o gosto moderno. Lembremos que foram Breton e outros surrealistas que inventaram a loja de mercadorias de segunda mão como um templo do gosto de vanguarda e alçaram a visita aos brechós à condição de um tipo de peregrinação estética. A acuidade do trapeiro surrealista estava orientada para achar belo o que os outros achavam feio ou sem interesse e relevância — bricabraque, objetos pop ou *naïf*, detritos urbanos.

Assim como a estruturação de uma prosa de ficção, de uma pintura, de um filme, por meio de citações — pensemos em Borges, em Kitaj, em Godard —, constitui um exemplo especializado do gosto surrealista, a prática cada vez mais comum de pendurar fotos na parede da sala de estar e dos quartos, onde antes pendiam reproduções de pinturas, é um sinal da larga difusão do gosto surrealista. Pois as próprias fotos satisfazem muitos critérios exigidos para a aprovação surrealista, por serem objetos ubíquos, baratos, pouco atraentes. Uma pintura é cedida ou é comprada; uma foto é encontrada (em álbuns e gavetas), recortada (de jornais e revistas), ou facilmente tirada pela própria pessoa. E os objetos que são fotos não só proliferam de um modo que as pinturas não fazem como são, em certo sentido, esteticamente indestrutíveis. *A última ceia*, de Leonardo, que está em Milão, dificilmente tem, hoje, um aspecto melhor do que em seu tempo; tem um péssimo aspecto. As fotos, quando ficam escrofulosas, embaçadas, manchadas, rachadas, empalidecidas, ainda têm um bom aspecto; muitas vezes, um aspecto até melhor. (Nisso, como em outros pontos, a arte com que a fotografia mais se parece é a arquitetura, cujas obras estão sujeitas à mesma inexorável ascensão por efeito da passagem do tempo; muitos prédios, e não só o Parthenon, provavelmente têm um aspecto melhor como ruínas.)

O que é verdade para as fotos é verdade para o mundo visto fotograficamente. A fotografia estende a descoberta da beleza das ruínas feita pelos literatos do século XIX em um gosto genuinamente popular. E estende essa beleza para além das ruínas românticas, como aquelas formas glamourosas de decrepitude fotografadas por Laughlin, até as ruínas modernistas — a realidade em si mesma. O fotógrafo, queira ele ou não, está empenhado na atividade de catar antiguidades na realidade e as próprias fotos são antiguidades instantâneas. A foto oferece uma contrapartida moderna desse gênero arquitetônico tipicamente romântico, a ruína artificial: a ruína criada a fim de enfatizar o caráter histórico de uma paisagem, tornar a natureza sugestiva — sugestiva do passado.

A contingência das fotos confirma que tudo é perecível; a arbitrariedade da evidência fotográfica indica que a realidade é fundamentalmente inclassificável. A realidade é resumida em uma série de fragmentos fortuitos — um modo infinitamente sedutor e dolorosamente redutor de lidar com o mundo. Exemplo dessa relação, em parte jubilosa, em parte desdenhosa, com a realidade, que constitui a bandeira de luta do surrealismo, a insistência do fotógrafo em que tudo é real implica também que o real não é suficiente. Ao proclamar um descontentamento fundamental com a realidade, o surrealismo prognostica uma postura de alienação que, agora, se tornou uma atitude geral nas partes do mundo politicamente poderosas, industrializadas e munidas de câmeras. Por que mais a realidade seria julgada insuficiente, insípida, excessivamente ordenada, superficialmente racional? No passado, um descontentamento com a realidade se expressava como um anseio por *outro* mundo. Na sociedade moderna, um descontentamento com a realidade se expressa forçosamente, e do modo mais pressuroso, no anseio de reproduzir *este* mundo. Como se apenas por olhar a realidade na forma de um objeto — por meio da imagem fixa da fotografia — ela fosse realmente real, ou seja, surreal.

A fotografia acarreta, inevitavelmente, certo favorecimento da realidade. O mundo passa de estar "lá fora" para estar "dentro" das fotos. Nossas cabeças estão se tornando iguais àquelas caixas mágicas que Joseph Cornell encheu com pequenos objetos incongruentes cuja origem era uma França que ele jamais visitou. Ou como um amontoado de fotos de filmes antigos, das quais Cornell reuniu uma vasta coleção à luz do mesmo espírito surrealista: como relíquias nostálgicas da experiência original do cinema, como um meio de posse simbólica da beleza dos atores. Mas a relação de uma foto de filme com um filme é intrinsecamente enganosa. Citar de um filme não é o mesmo que citar de um livro. Enquanto o tempo de leitura de um livro depende do leitor, o tempo de assistir a um filme é determinado pelo cineasta, e as imagens são percebidas como rápidas ou vagarosas apenas de acordo com sua edição. Desse modo, uma foto de um filme, que nos permite observar um único momento pelo tempo que quisermos, contradiz a própria forma do filme, assim como um conjunto de fotos que congela os momentos de uma vida ou de uma sociedade contradiz a forma destas, que é um processo, um fluxo no tempo. O mundo fotografado mantém com o mundo real a mesma relação essencialmente errônea que se verifica entre as fotos de filmes e os filmes. A vida não são detalhes significativos, instantes reveladores, fixos para sempre. As fotos sim.

A sedução das fotos, seu poder sobre nós, reside em que elas oferecem, a um só tempo, uma relação de especialista com o mundo e uma promíscua aceitação do mundo. Pois, graças à evolução da revolta modernista contra as normas estéticas tradicionais, essa relação de especialista com o mundo está profundamente envolvida na ascensão de padrões de gosto *kitsch*. Embora certas fotos, tomadas como objetos individuais, possuam o toque e a doce seriedade de obras de arte importantes, a proliferação de fotos constitui, em última instância, uma afirmação do *kitsch*. O olhar ultramóvel da fotografia lisonjeia o espectador, criando uma falsa sensação de ubiquidade, um ilusório domínio da experiência. Os surrealistas, que aspiram a ser radicais da cultura, e até revolucionários, estiveram muitas vezes sob a ilusão bem-intencionada de que podiam ser, e a rigor deviam ser, marxistas. Mas o esteticismo surrealista é embebido demais em ironia para ser compatível com a forma mais sedutora de moralismo do século XX. Marx censurava a filosofia por tentar apenas compreender o mundo em vez de tentar transformá-lo. Os fotógrafos, que trabalham nos termos da sensibilidade surrealista, sugerem a futilidade de sequer tentar compreender o mundo e, em lugar disso, propõem que o colecionemos.

O HEROÍSMO DA VISÃO

Ninguém jamais descobriu a feiura por meio de fotos. Mas muitos, por meio de fotos, descobriram a beleza. Salvo nessas ocasiões em que a câmera é usada para documentar, ou para observar ritos sociais, o que move as pessoas a tirar fotos é descobrir algo belo. (O nome com que Fox Talbot patenteou a fotografia em 1841 foi calótipo: do grego *kalos*, belo.) Ninguém exclama: "Como isso é feio! Tenho de fotografá-lo". Mesmo se alguém o dissesse, significaria o seguinte: "Acho essa coisa feia... bela".

É comum, para aqueles que puseram os olhos em algo belo, lamentar-se de não ter podido fotografá-lo. O papel da câmera no embelezamento do mundo foi tão bem-sucedido que as fotos, mais do que o mundo, tornaram-se o padrão do belo. Anfitriões orgulhosos de sua casa podem perfeitamente mostrar fotos do lugar onde moram para deixar claro aos visitantes como se trata de uma casa, de fato, maravilhosa. Aprendemos a nos ver fotograficamente: ver a si mesmo como uma pessoa atraente é, a rigor, julgar que se ficaria bem numa fotografia. As fotos criam o belo e — ao longo de gerações de fotógrafos — o esgotam. Certas glórias da natureza, por exemplo, foram simplesmente entregues à infatigável atenção de amadores aficionados da câmera. Pessoas saturadas de imagens tendem a achar piegas os pores do sol; agora, infelizmente, eles se parecem demais com fotos.

Muitos se sentem nervosos quando vão ser fotografados: não porque receiem, como os primitivos, ser violados, mas porque temem a desaprovação da câmera. As pessoas querem a imagem idealizada: uma foto que as mostre com a melhor aparência possível. Sentem-se repreendidas quando a câmera não devolve uma imagem mais atraente do que elas são na realidade. Mas poucos têm a sorte de ser "fotogênicos" — ou seja, parecer melhor nas fotos (mesmo quando não são maquiados ou beneficiados pela luz) do que na vida real. A circunstância de as fotos serem muitas vezes elogiadas por sua espontaneidade, por sua honestidade, indica que a maioria das fotos, é claro, não é espontânea. Em meados da década de 1840, o processo negativo-positivo de Fox Talbot começou a substituir o daguerreótipo (o primeiro processo fotográfico viável). Uma década depois, um fotógrafo alemão inventou a primeira técnica de retocar o negativo. Suas duas versões de um mesmo retrato — uma retocada, a outra não — espantaram a multidão na Exposition Universelle de Paris, em 1855 (a segunda feira mundial e a primeira com uma exposição de fotos). A notícia de que a câmera podia mentir tornou muito mais popular o ato de se deixar fotografar.

As consequências de mentir têm de ser mais cruciais para a fotografia do que jamais seriam para a pintura porque as imagens planas, em geral retangulares, que constituem as fotos reclamam para si uma condição de verdade que as pinturas nunca poderiam pretender. Uma pintura falsificada (cuja autoria é falsa) falsifica a história da arte. Uma fotografia falsificada (retocada ou adulterada, ou cuja legenda é falsa) falsifica a realidade.

A história da fotografia poderia ser recapitulada como a luta entre dois imperativos distintos: embelezamento, que provém das belas-artes, e contar a verdade, que se mede não apenas por uma ideia de verdade isenta de valor, herança das ciências, mas por um ideal moralizado de contar a verdade, adaptado de modelos literários do século XIX e da (então) nova profissão do jornalismo independente. A exemplo do romancista pós-romântico e do repórter, o fotógrafo deveria desmascarar a hipocrisia e combater a ignorância. Uma tarefa para a qual a pintura era um procedimento demasiado lento e demorado, por mais que muitos pintores do século XIX partilhassem a crença de Millet de que *le beau c'est le vrai* [o belo é o verdadeiro]. Observadores sagazes notaram que havia algo nu na verdade que uma foto transmitia, mesmo quando seu criador não tencionava ser intrometido. Em *A casa das sete torres*, Hawthorne faz o jovem fotógrafo Holgrave comentar sobre o retrato em daguerreótipo que, "embora lhe demos crédito apenas por retratar a mera superfície, na verdade ele desvela o caráter secreto com uma veracidade a que nenhum pintor jamais se atreveria, mesmo se pudesse detectá-lo".

Livres da necessidade de fazer escolhas rigorosas (como faziam os pintores) de quais imagens eram dignas de se contemplar, devido à rapidez com que as câmeras registravam tudo, os fotógrafos transformaram a visão em um novo tipo de projeto: como se a visão, em si mesma, perseguida com avidez e dedicação, pudesse de fato reconciliar a pretensão de veracidade com a necessidade de achar o mundo belo. No passado, um objeto de assombro por causa da sua capacidade de apresentar fielmente a realidade, bem como, no início, um objeto de desprezo devido a sua escassa exatidão, a câmera terminou por promover uma brutal ascensão do valor das aparências. As aparências como a câmera as registra. As fotos não se limitam a apresentar a realidade — realisticamente. A realidade é que é examinada, e avaliada, em função da sua fidelidade às fotos. "A meu ver", declarou Zola, o mais destacado ideólogo do realismo literário, em 1901, após quinze anos de fotografia amadora, "não se pode afirmar ter visto uma coisa antes de ter fotografado essa coisa." Em lugar de simplesmente registrar a realidade, as fotos tornaram-se a norma para a maneira como as coisas se mostram a nós, alterando por conseguinte a própria ideia de realidade e de realismo.

Os primeiros fotógrafos falavam como se a câmera fosse uma máquina copiadora; como se, embora as pessoas operassem as câmeras, fosse a câmera que visse. A invenção da fotografia foi saudada como um modo de aliviar o fardo de ter de acumular cada vez mais informações e impressões sensoriais. Em seu livro sobre fotógrafos, *The pencil of nature* [O lápis da natureza] (1844--6), Fox Talbot conta que a ideia da fotografia lhe ocorreu em 1833, na viagem pela Itália que se tornara obrigatória para ingleses de famílias ricas, como ele, enquanto fazia certos esboços da paisagem do lago Como. Ao desenhar com a ajuda de uma *camera obscura*, equipamento que projetava a imagem mas não a fixava, Talbot foi levado a refletir, diz ele, "sobre a inimitável beleza das imagens de pintura da natureza que as lentes de vidro da câmera lançam sobre o papel" e imaginar "se não seria possível gravar essas imagens naturais de modo durável". A câmera sugeriu-se a Fox Talbot como uma nova forma de notação, cujo atrativo residia precisamente em ser impessoal — porquanto registrava uma imagem "natural", ou seja, uma imagem que se manifesta "apenas por intermédio da Luz, sem nenhuma ajuda do lápis do artista".

O fotógrafo era visto como um observador agudo e isento — um escrivão, não um poeta. Mas, como as pessoas logo descobriram que ninguém tira a mesma foto da mesma coisa, a suposição de que as câmeras propiciam uma imagem impessoal, objetiva, rendeu-se ao fato de que as fotos são indícios não só do que existe mas daquilo que um indivíduo vê; não apenas um registro mas uma avaliação do mundo.* Tornou-se claro que não existia apenas uma atividade simples e unitária denominada "ver" (registrada e auxiliada pelas câmeras), mas uma "visão fotográfica", que era tanto um modo novo de as pessoas verem como uma nova atividade para elas desempenharem.

Um francês munido de uma câmera de daguerreótipo já cruzava o Pacífico em 1841, o mesmo ano em que o primeiro volume de *Excursions daguerriennes: Vues et monuments les plus remarquables du globe* [Excursões daguerrianas: as paisagens e os monumentos mais notáveis do mundo] foi publicado, em Paris. A década de 1850 foi a grande era do orientalismo fotográfico: Maxime Du Camp, ao fazer uma grande viagem pelo Oriente Médio em companhia de Flaubert, entre 1849 e 1851, concentrou sua atividade fotográfica em atrações como o colosso de Abu Simbel e o templo de Baalbek, e não na vida cotidiana dos felás. No entanto, logo os viajantes munidos de câmeras anexaram um tema mais amplo do

---

* A restrição da fotografia a uma visão impessoal continuou, é claro, a ter seus defensores. Entre os surrealistas, a fotografia foi vista como liberadora na medida em que ultrapassava a mera expressão pessoal: Breton começa seu ensaio de 1920 sobre Max Ernst classificando a escrita automática de "uma verdadeira fotografia do pensamento", a câmera era vista como "um instrumento cego" cuja superioridade na "imitação da aparência" dera "um golpe mortal nos antigos modos de expressão, na pintura bem como na poesia". No campo estético oposto, os teóricos da Bauhaus adotaram uma visão semelhante, tratando a fotografia como um ramo do design, assim como a arquitetura — criativa, mas impessoal, desembaraçada de inutilidades como a superfície pictórica, o toque pessoal. Em seu livro *Pintura, fotografia, filme* (1925), Moholy-Nagy elogia a câmera por impor a "higiene do óptico", que no fim irá "abolir esse padrão de associação pictórica e imaginativa [...] que foi estampado na nossa visão pelos grandes pintores individuais".

que importantes paisagens e obras de arte. A visão fotográfica significava uma aptidão para descobrir a beleza naquilo que todos veem mas desdenham como algo demasiado comum. Esperava-se que os fotógrafos fizessem mais do que apenas ver o mundo como é, mesmo suas maravilhas já aclamadas; deveriam criar um interesse, por meio de novas decisões visuais.

Existe um heroísmo peculiar difundido pelo mundo afora desde a invenção das câmeras: o heroísmo da visão. A fotografia inaugurou um novo modelo de atividade autônoma — ao permitir que cada pessoa manifeste determinada sensibilidade singular e ávida. Os fotógrafos partiram em seus safáris culturais, educativos e científicos, à cata de imagens chocantes. Tinham de capturar o mundo, qualquer que fosse o preço em termos de paciência e de desconforto, por meio dessa modalidade de visão ativa, aquisitiva, avaliadora e gratuita. Alfred Stieglitz registra com orgulho que ficou três horas de pé, durante uma nevasca no dia 22 de fevereiro de 1893, "à espera do momento apropriado" para tirar sua famosa foto *Fifth Avenue, winter* [Quinta Avenida, inverno]. O momento apropriado é aquele em que se consegue ver coisas (sobretudo aquilo que todos já viram) de um modo novo. A busca tornou-se a marca registrada do fotógrafo na imaginação popular. Na década de 1920, o fotógrafo se tornara um herói moderno, como o aviador e o antropólogo — sem necessariamente ter saído de sua terra natal. Os leitores da imprensa popular eram convidados a unir-se ao "nosso fotógrafo" em uma "viagem de descoberta", em visita a reinos novos como "o mundo visto de cima", "o mundo através de lentes de aumento", "as belezas de todo dia", "o universo invisível", "o milagre da luz", "a beleza das máquinas", a imagem que pode ser "encontrada na rua".

A vida de todos os dias exaltada em apoteose e o tipo de beleza que só a câmera revela — um recanto de realidade material que o olho não enxerga normalmente ou não consegue isolar; ou a visão de cima, como a de um avião —, eis os alvos principais da conquista do fotógrafo. Durante certo tempo, o *close* pareceu o mais original método de ver da fotografia. Os fotógrafos se deram conta de que, quando ceifavam a realidade mais rente ao solo, surgiam formas magníficas. No início da década de 1840, o versátil e engenhoso Fox Talbot não só compôs fotos nos gêneros praticados pela pintura — retrato, cena doméstica, paisagem urbana, paisagem rural, natureza-morta —, como também exercitou sua câmera numa concha do mar, nas asas de uma borboleta (ampliadas com a ajuda de um microscópio solar), numa seção de duas fileiras de livros em seu escritório. Mas seus temas são ainda identificáveis como uma concha, asas de borboleta, livros. Quando a visão comum foi mais violentada ainda — e o objeto foi isolado de seu contexto, o que o tornou abstrato —, novas convenções sobre o que era belo assumiram o poder. O que é belo tornou-se apenas aquilo que o olho não consegue ver (ou não vê): a visão fraturante, deslocadora, que só a câmera proporciona.

Em 1915, Paul Strand tirou uma foto a que deu o título de *Desenhos abstratos formados por tigelas*. Em 1917, Strand dedicou-se a *closes* das formas das máquinas e, ao longo da década de 1920, fez estudos da natureza em *closes*. A nova técnica — o auge foi entre 1920 e 1935 — parecia prometer delícias visuais ilimitadas. Com um efeito igualmente estonteante, ela atuou nos objetos domésticos, nos nus (tema que se poderia supor praticamente esgotado pelos pintores), nas minúsculas cosmogonias da natureza. A fotografia parecia ter encontrado seu papel grandioso como a ponte entre a arte e a ciência; e os pintores eram exortados a aprender com as belezas das microfotografias e das vistas aéreas no livro de Moholy-Nagy *Von Material zur Architektur*, publicado pela Bauhaus em 1928 e traduzido para o inglês como *The new vision* [A nova visão]. Foi o mesmo ano em que surgiu um dos primeiros livros de fotos a entrar na lista dos mais vendidos, de autoria de Albert Renger-Patzsch, intitulado *Die Welt ist schön* [O mundo é belo], que consistia em cem fotos, *closes* em sua maioria, cujos temas abrangiam desde uma folha de colocásia até as mãos de um oleiro. A pintura nunca fez uma promessa tão despudorada de comprovar a beleza do mundo.

O olho que abstrai — representado com brilho especial no período entre as duas guerras mundiais por uma parte da obra de Strand, bem como por Edward Weston e Minor White — parece ter sido possível apenas depois das descobertas feitas pelos pintores e escultores modernistas. Strand e Weston, que reconhecem uma similaridade entre suas maneiras de ver e aquelas de Kandinski e de Brancusi, podem ter sido atraídos para o lado mais afiado do estilo cubista em reação à suavidade das imagens de Stieglitz. Mas é igualmente verdade que a influência se deu na direção oposta. Em 1909, em sua revista *Camera Work*, Stieglitz registra a influência incontestável da fotografia sobre a pintura, embora cite apenas os impressionistas — cujo estilo de "definição enevoada" inspirou o seu próprio estilo.* E Moholy-Nagy, em *The new vision*, aponta corretamente que "a técnica e o espírito da fotografia influenciaram, direta ou indiretamente, o cubismo".

---

* A ampla influência que a fotografia exerceu sobre os impressionistas é um lugar--comum na história da arte. De fato, não chega a ser exagero dizer, como faz Stieglitz, que "os pintores impressionistas aderem a um estilo de composição que é estritamente fotográfico". A tradução, feita pela câmera, da realidade em áreas extremamente polarizadas de luz e de sombra, o recorte livre ou arbitrário da imagem nas fotos, a indiferença dos fotógrafos quanto a tornar o espaço inteligível, sobretudo o espaço de fundo — essas foram as principais inspirações para as proclamações dos pintores impressionistas de um interesse científico nas propriedades da luz, para suas experiências com a perspectiva chapada, com os ângulos incomuns e com as formas descentralizadas, fatiadas pelo gume da imagem. ("Eles pintam a vida em retalhos e fragmentos", como observou Stieglitz em 1909.) Um detalhe histórico: a primeira exposição impressionista, em abril de 1874, foi realizada no estúdio fotográfico de Nadar, no Boulevard des Capucines, em Paris.

Mas a despeito de todas as maneiras como, a partir da década de 1840, os pintores e os fotógrafos influenciaram-se e pilharam-se mutuamente, suas técnicas são basicamente opostas. O pintor constrói, o fotógrafo revela. Ou seja, a identificação do tema de um fotógrafo sempre domina nossa percepção do tema — como não ocorre, necessariamente, numa pintura. O tema da foto de Weston *Folha de repolho*, tirada em 1931, parece um pano pregueado; é preciso um título para identificá-lo. Assim, a imagem aponta para duas direções. A forma é agradável e é (surpresa!) a forma de uma folha de repolho. Se fosse um pano pregueado, não poderia ser tão belo. Já conhecemos essa beleza, das belas-artes. Portanto os atributos formais do estilo — questão central na pintura — são, no máximo, de importância secundária na fotografia, ao passo que aquilo que uma foto fotografa é sempre de importância capital. A suposição subjacente a todos os empregos da fotografia, a saber, que toda foto é um pedaço do mundo, significa que não sabemos como reagir a uma foto (se a imagem for visualmente ambígua: digamos, vista de muito perto ou de muito longe) antes de sabermos *qual* parte do mundo é aquela. O que parece uma simples coroa — a famosa foto tirada por Harold Edgeton em 1936 — se torna muito mais interessante quando descobrimos que se trata de um respingo de leite.

A fotografia é vista habitualmente como um instrumento para conhecer as coisas. Quando Thoreau escreveu que "não se pode dizer mais do que se vê", tinha por certo que cabia à visão a supremacia entre os sentidos. Mas quando, várias gerações depois, a máxima de Thoreau é citada por Paul Strand a fim de louvar a fotografia, ressoa com um significado diferente. As câmeras não se limitam a tornar possível apreender mais por meio da visão (mediante a microfotografia e a teledetecção). Elas alteraram a própria visão, fomentando a ideia de ver por ver. Thoreau ainda vivia num mundo polissensual, embora a observação já tivesse começado a adquirir a estatura de um dever moral. Ele se referia a uma visão não desvinculada dos demais sentidos, e à visão no seu contexto (o contexto a que Thoreau denominava Natureza), ou seja, uma visão ligada a certos pressupostos no tocante àquilo que ele julgava digno de ser visto. Quando Strand cita Thoreau, supõe uma outra atitude com respeito ao sensorial: o aprimoramento didático da percepção, independente das ideias sobre o que é digno de ser visto, que inspira todos os movimentos modernistas nas artes.

A modalidade mais influente dessa atitude se encontra na pintura, a arte que a fotografia ultrapassou sem nenhum remorso e plagiou com entusiasmo desde o início, e com a qual ainda coexiste em uma rivalidade febril. Segundo a versão habitual, a fotografia usurpou a tarefa do pintor de fornecer imagens que transcrevessem a realidade de modo acurado. Por isso, "o pintor devia ser profundamente grato", insiste Weston, e ver essa usurpação, como fizeram muitos fotógrafos antes e depois dele, como uma libertação, na verdade. Ao tomar para si a tarefa de retratar de forma realista, tarefa que era até então um monopólio da pintura, a fotografia liberou a pintura para a sua grande vocação modernista — a abstração. Mas o impacto da fotografia na pintura não foi tão claramente delimitado. Pois, quando a fotografia entrou em cena, a pintura já estava começando, por conta própria, sua lenta retirada do terreno da representação realista — Turner nasceu em 1775; Fox Talbot, em 1800 —, e o território que a fotografia veio a ocupar com um sucesso tão rápido e completo provavelmente teria sido abandonado de um modo ou de outro. (A instabilidade das realizações estritamente representacionais na pintura do século XIX fica demonstrada de modo mais claro pelo destino do retrato, que passou a tratar cada vez mais da própria pintura e não dos modelos retratados — e no fim deixou de interessar aos pintores mais ambiciosos, com notáveis e recentes exceções como Francis Bacon e Warhol, que fazem empréstimos abundantes de imagens fotográficas.)

O outro aspecto importante da relação entre pintura e fotografia omitido nos estudos mais aceitos é que as fronteiras do novo território conquistado pela fotografia começaram a expandir-se imediatamente, assim que alguns fotógrafos recusaram-se a ficar restritos a apresentar triunfos ultrarrealistas contra os quais os pintores não podiam competir. Desse modo, entre os dois famosos inventores da fotografia, Daguerre nunca imaginou ir além do alcance de representação do pintor naturalista, ao passo que Fox Talbot imediatamente depreendeu a faculdade da câmera para isolar formas que normalmente escapam ao olho nu e que a pintura jamais registrara. Aos poucos, os fotógrafos se uniram na busca de imagens mais abstratas, na declaração de escrúpulos reminiscentes da recusa do mimético como mero retrato, formulada pelos pintores modernistas. A vingança dos pintores, se quiserem. A reivindicação de muitos fotógrafos profissionais de que fazem algo totalmente distinto de simplesmente registrar a realidade é o sinal mais claro da imensa contrainfluência que a pintura exerceu sobre a fotografia. Mas, por mais que os fotógrafos tenham passado a partilhar algumas ideias sobre o valor intrínseco da percepção pela percepção e sobre a (relativa) insignificância do tema que dominaram a pintura avançada durante mais de um século, suas aplicações dessas ideias não podem repetir as aplicações da pintura. Pois é da natureza de uma foto não poder nunca transcender completamente seu tema, como pode uma pintura. Nem pode um fotógrafo transcender o visual propriamente dito, o que é, em certo sentido, o objetivo supremo da pintura modernista.

O tipo de atitude modernista mais relevante para a fotografia não se encontra na pintura — mesmo que tenha sido assim então (na época da sua conquista, ou libertação, pela fotografia), como sem dúvida é agora. Exceto por fenômenos marginais, como é o caso do super-realismo, um renascimento do fotorrealismo que não se contenta em apenas imitar fotos, mas pretende mostrar que a pintura pode alcançar uma ilusão de realidade ou uma verossimilhança ainda maior, a pintura é ainda amplamente regida por uma desconfiança daquilo que Duchamp chamou de meramente retiniano. O etos da fotografia — adestrar-nos (segundo a expressão de Moholy-Nagy) para a "visão intensiva" — parece mais próximo do etos da poesia moderna do que do etos da pintura. Enquanto a pintura se tornou cada vez mais conceitual, a poesia (desde Apollinaire, Eliot, Pound e William Carlos Williams) definiu-se cada vez mais como uma atividade ligada ao visual. ("Não há verdade senão nas coisas", como declarou Williams.) O compromisso da poesia com o concreto e com a autonomia da linguagem do poema corresponde ao compromisso da fotografia com a visão pura. Ambos supõem descontinuidade, formas desarticuladas e unidade compensatória: arrancar as coisas de seu contexto (vê-las de um modo renovado), associar as coisas de modo elíptico, de acordo com as imperiosas mas não raro arbitrárias exigências da subjetividade.

Enquanto a maioria das pessoas que tiram fotos está apenas reforçando ideias aceitas sobre o belo, profissionais ambiciosos creem, em geral, contestá-las. Segundo modernistas heroicos como Weston, a aventura do fotógrafo é elitista, profética, subversiva, reveladora. Os fotógrafos afirmavam levar a efeito a tarefa blakiana de purificar os sentidos, "revelar aos outros o mundo vivo à sua volta", como Weston descreveu sua própria obra, "mostrar-lhes aquilo que seus olhos insensíveis perderam".

Embora Weston (como Strand) também afirmasse ser indiferente à questão de saber se a fotografia é uma arte, suas exigências quanto à fotografia ainda continham todas as suposições românticas sobre o fotógrafo como Artista. Na segunda década do século XX, alguns fotógrafos apropriaram-se ousadamente da retórica de uma arte de vanguarda: armados de câmeras, eles travavam uma dura batalha contra as sensibilidades conformistas, atendendo plenamente aos apelos de Pound no sentido de "renovar". A fotografia, e não a "pintura mole e sem entranhas", diz Weston com um desdém viril, está mais bem equipada para "sondar o espírito do nosso tempo". Entre 1930 e 1932, os diários de Weston, ou *Daybooks*, estão repletos de premonições efusivas de mudanças iminentes e de declarações sobre a importância da terapia de choque visual que os fotógrafos administravam. "Velhos ideais desmoronam de todos os lados, e a precisa e indiferente visão da câmera é, e será cada vez mais, uma força mundial na reavaliação da vida."

A noção de Weston sobre o agon do fotógrafo partilha muitos temas com o vitalismo heroico da década de 1920, popularizado por D. H. Lawrence: afirmação da vida sensual, ira contra a hipocrisia sexual da burguesia, defesa farisaica do egotismo a serviço da própria vocação espiritual, apelos viris em prol de uma união com a natureza. (Weston chama a fotografia de "um modo de autodesenvolvimento, um meio de descobrir-se e de identificar-se com todas as manifestações de formas básicas — com a natureza, com a fonte".) Mas, enquanto Lawrence desejava restabelecer o conjunto da apreciação sensorial, o fotógrafo — mesmo um fotógrafo cujas paixões parecem tão reminiscentes das paixões de Lawrence — insiste forçosamente na preponderância de um sentido: a visão. E, ao contrário do que Weston afirma, o hábito da visão fotográfica — de olhar a realidade como uma série de fotos potenciais — cria, em lugar de uma união, um rompimento com a natureza.

A visão fotográfica, quando se examinam suas aspirações, revela-se sobretudo a prática de um tipo de visão dissociativa, um hábito subjetivo reforçado pelas discrepâncias objetivas entre o modo como a câmera e o olho humano focalizam e julgam a perspectiva. Essas discrepâncias foram bastante notadas pelo público nos primeiros tempos da fotografia. Assim que começaram a pensar fotograficamente, as pessoas pararam de falar de distorção fotográfica, como então se chamava. (Hoje, como observou William Ivins, Jr., as pessoas de fato buscam tais distorções.) Assim, um dos êxitos mais duradouros da fotografia foi sua estratégia de transformar seres vivos em coisas, e coisas em seres vivos. As pimentas que Weston fotografou em 1929 e 1930 são voluptuosas de um modo que raramente acontece em suas fotos de mulheres nuas. Tanto os corpos nus como as pimentas são fotografados pelo jogo de formas — mas o corpo é mostrado, caracteristicamente, curvado sobre si mesmo, todas as extremidades cortadas, a carne tão opaca quanto o permitem a iluminação e o foco, reduzindo assim sua sensualidade e elevando o caráter abstrato da forma do corpo; a pimenta é vista em *close* mas em sua inteireza, a pele lustrosa ou oleosa, e o resultado é uma descoberta da sugestão erótica de uma forma ostensivamente neutra, uma ampliação de sua palpabilidade aparente.

Foi a beleza das formas na fotografia industrial e científica que deslumbrou os projetistas da escola da Bauhaus, e, de fato, a câmera registrou poucas imagens formalmente mais interessantes do que aquelas produzidas por metalurgistas ou cristalógrafos. Mas a maneira de tratar a fotografia proposta pela Bauhaus não prevaleceu. Hoje, ninguém supõe que a beleza revelada nas fotos esteja condensada na microfotografia científica. Segundo a tradição dominante do belo na fotografia, a beleza requer a marca de uma decisão humana: a decisão de que isso daria uma boa foto e de que a boa foto formularia um comentário. Constatou-se que revelar a forma elegante de uma privada, tema de uma série de fotos feitas por Weston no México, em 1925, era mais importante do que a magnitude poética de um floco de neve ou de um fóssil de carvão.

Para Weston, a beleza em si era subversiva — como pareceu se confirmar quando algumas pessoas se escandalizaram com seus nus ambiciosos. (De fato, foi Weston — seguido por André Kertész e Bill Brandt — que tornou respeitável a foto de nus.) Hoje, os fotógrafos tendem antes a enfatizar a humanidade comum de suas revelações. Embora os fotógrafos não tenham deixado de procurar a beleza, não se crê mais que a fotografia, sob a égide da beleza, produza uma ruptura psíquica. Modernistas ambiciosos, como Weston e Cartier-Bresson, que entendem a fotografia como um modo genuinamente novo de ver (preciso, inteligente e até científico), foram contestados por fotógrafos de uma geração posterior, como Robert Frank, que almejam para a câmera um olhar que não seja penetrante, mas sim democrático, que não reivindique estabelecer novos padrões de visão. A afirmação de Weston de que "a fotografia retirou as vendas para uma nova visão do mundo" parece típica das esperanças excessivamente oxigenadas do modernismo, em todas as artes, durante a primeira terça parte do século xx — esperanças abandonadas a partir de então. Embora a câmera tenha de fato produzido uma revolução psíquica, ela certamente não se deu no sentido positivo e romântico que Weston imaginava.

Na proporção em que a fotografia de fato descasca o envoltório seco da visão rotineira, cria um outro hábito de ver: intenso e frio, solícito e desprendido; encantado pelo detalhe insignificante, viciado na incongruência. Mas a visão fotográfica tem de ser constantemente renovada por meio de novos choques, seja de tema, seja de técnica, de modo a produzir a impressão de violar a visão comum. Pois, desafiada pelas revelações dos fotógrafos, a visão tende a se acomodar às fotos. O ponto de vista de vanguarda de Strand, na década de 1920, e de Weston, no final da década de

1920 e início da de 1930, foi rapidamente assimilado. Seus rigorosos estudos em *close* de plantas, conchas, folhas, árvores murchas, algas, troncos levados pelo rio, pedras erodidas, asas de pelicano, raízes nodosas de cipreste e mãos nodosas de trabalhadores tornaram-se clichês de um modo de ver meramente fotográfico. Aquilo que, antes, demandou um olho muito inteligente para enxergar, agora qualquer um pode ver. Instruídos por fotos, todos são capazes de visualizar esse conceito outrora puramente literário, a geografia do corpo: por exemplo, fotografar uma mulher grávida de modo que seu corpo pareça um morro, fotografar um morro de modo que pareça o corpo de uma mulher grávida.

Uma familiaridade maior não explica, de todo, por que certas convenções de beleza se desgastam ao passo que outras perduram. O desgaste é moral, bem como perceptual. Strand e Weston jamais imaginariam como essas ideias de beleza poderiam tornar-se banais, embora isso pareça inevitável quando se insiste — como fez Weston — em um ideal de beleza tão maleável como é a perfeição. Enquanto o pintor, segundo Weston, sempre "tentou aperfeiçoar a natureza por uma autoimposição", o fotógrafo "provou que a natureza oferece um número interminável de 'composições' perfeitas — ordem em toda parte". Por trás da atitude beligerante dos modernistas em favor de um purismo estético, encontra-se uma aceitação do mundo espantosamente generosa. Para Weston, que passou a maior parte de sua vida fotográfica no litoral da Califórnia, perto de Carmel, a Walden da década de 1920, era relativamente fácil achar beleza e ordem, ao passo que para Aaron Siskind, fotógrafo da geração seguinte à de Strand, e nova-iorquino, que começou a carreira tirando fotos de arquitetura e de tipos humanos da cidade, a questão era criar uma ordem. "Quando faço uma foto", escreve Siskind, "quero que seja um objeto inteiramente novo, completo e autônomo, cuja condição básica é a ordem."

Para Cartier-Bresson, tirar fotos é "encontrar a estrutura do mundo — regozijar-se no puro prazer da forma", desvendar que "em todo este caos, existe ordem". (Talvez seja impossível falar sobre a perfeição do mundo sem soar hipócrita.) Mas exibir a perfeição do mundo era uma ideia de beleza demasiado sentimental, demasiado aistórica, para respaldar a fotografia. Parece inevitável que Weston, mais comprometido com a abstração e com a descoberta de formas do que Strand jamais chegou a ser, produzisse uma obra muito mais limitada do que a de Strand. Assim, Weston nunca se sentiu motivado a produzir uma fotografia socialmente consciente e, exceto no período entre 1923 e 1927, que passou no México, evitou as cidades. Strand, como Cartier-Bresson, sentia-se atraído pela desolação pitoresca e pelos estragos da vida urbana. Mas, mesmo longe da natureza, tanto Strand como Cartier-Bresson (poderíamos citar também Walker Evans) ainda fotografam com o mesmo olhar meticuloso que distingue a ordem em toda parte.

A opinião de Stieglitz, Strand e Weston — de que as fotos deveriam ser, antes de tudo, belas (ou seja, compostas com beleza) — parece, hoje, pobre, obtusa demais diante da verdade da desordem: assim como o otimismo a respeito da ciência e da tecnologia que está por trás das ideias da Bauhaus sobre fotografia parece quase pernicioso. As imagens de Weston, conquanto admiráveis, conquanto belas, tornaram-se menos interessantes para muita gente, ao passo que as fotos tiradas pelos fotógrafos primitivos, ingleses e franceses, de meados do século, e por Atget, por exemplo, despertam mais entusiasmo do que nunca. A avaliação de Atget como "um técnico deficiente", feita por Weston em seus *Daybooks*, reflete perfeitamente a coerência da visão de Weston e seu afastamento do gosto contemporâneo. "Os halos destruíram muita coisa e a retificação da cor não é boa", anota Weston; "seu instinto para o tema é aguçado, mas seu registro é fraco — sua construção, imperdoável [...] muitas vezes, tem-se a impressão de que ele deixou escapar o que mais interessava". Com sua devoção à reprodução perfeita, Weston carece de gosto contemporâneo, ao contrário de Atget e de outros mestres da tradição popular da fotografia. A técnica imperfeita passou a ser apreciada exatamente porque rompe a entorpecida equação entre Natureza e Beleza. A natureza tornou-se antes um tema de nostalgia e de indignação do que um objeto de contemplação, como se observa na distância de gosto que separa, de um lado, as paisagens majestosas de Ansel Adams (o discípulo mais conhecido de Weston) e a última leva importante de fotos na tradição da Bauhaus, *A anatomia da natureza* (1965), de Andreas Feininger e, de outro lado, as imagens fotográficas contemporâneas da natureza profanada.

Assim como esses ideais formalistas de beleza parecem, em retrospecto, ligados a um certo estado de ânimo histórico, a saber, o otimismo a respeito da era moderna (a visão nova, a era nova), também o declínio dos padrões da pureza fotográfica representado por Weston e pela escola da Bauhaus acompanhou o relaxamento moral vivido nas décadas recentes. No ânimo histórico atual de desencanto, pode-se extrair cada vez menos sentido da ideia formalista de beleza atemporal. Modelos de beleza mais sombrios, delimitados pelo tempo, tornaram-se predominantes, inspirando uma reavaliação da fotografia do passado; e, numa aparente reação violenta contra o Belo, as gerações recentes de fotógrafos preferem mostrar a desordem, preferem destilar uma anedota, em geral perturbadora, a isolar uma "forma simplificada" (expressão de Weston), em última instância, tranquilizadora. Mas a despeito dos objetivos declarados da fotografia indiscreta, sem pose, não raro tosca, de revelar a verdade e não a beleza, a fotografia ainda embeleza. De fato, o triunfo mais duradouro da fotografia foi sua aptidão para descobrir a beleza no humilde, no inane, no decrépito. De um modo ou de outro, o real tem um *páthos*. E esse *páthos* é — beleza. (A beleza dos pobres, por exemplo.)

A célebre foto tirada por Weston de um de seus filhos tão adorados, *Torso de Neil* (1925), parece bela por causa da harmonia de proporções de seu tema, por causa de sua composição arrojada e de sua iluminação sutil — uma beleza que é fruto da habilidade e do gosto. As fotos de Jacob Riis, grosseiramente iluminadas com um *flash*, tiradas entre 1887 e 1890, parecem belas por causa da força de seu tema, encardidos e amorfos moradores de cortiços em Nova York, de idade indeterminada, e por causa da autenticidade de seu enquadramento "errado" e dos contrastes bruscos produzidos pela falta de controle sobre os valores de tonalidade — uma beleza que é fruto do amadorismo e da inadvertência. A avaliação de fotos é sempre imbuída de critérios estéticos dúbios como esses. Julgada, a princípio, segundo as normas da pintura, que supõem um projeto consciente e a supressão do supérfluo, as realizações características da visão fotográfica eram, até muito pouco tempo atrás, consideradas idênticas à obra daqueles fotógrafos relativamente pouco numerosos que, por meio da reflexão e do esforço, conseguiram transcender a natureza mecânica da câmera para atender aos padrões da arte. Mas agora está claro que não existe um conflito inerente entre o uso mecânico ou ingênuo da câmera e a beleza formal de uma ordem muito elevada, não existe nenhum tipo de foto em que tal beleza não possa revelar-se presente; um instantâneo funcional despretensioso pode ser tão interessante, em termos visuais, tão eloquente, tão belo quanto as mais aclamadas fotos de belas-artes. Essa democratização dos padrões formais é a contrapartida lógica da democratização da noção de beleza na fotografia. Tradicionalmente associada a modelos exemplares (a arte representativa dos gregos clássicos só mostrava jovens, o corpo em sua perfeição), a beleza passou a ser vista, graças aos fotógrafos, como existente em toda parte. Além das pessoas que se embelezam para a câmera, os feios e os espontâneos receberam seu quinhão de beleza.

Para os fotógrafos, não existe, enfim, nenhuma diferença — nenhuma vantagem estética de peso — entre o esforço para embelezar o mundo e o contraesforço para rasgar-lhe a máscara. Mesmo os fotógrafos que desdenhavam retocar seus retratos — questão de honra para os retratistas ambiciosos, a partir de Nadar — tendiam a proteger seu modelo, de certa maneira, contra o olhar excessivamente revelador da câmera. E um dos esforços típicos dos fotógrafos retratistas, profissionalmente levados a preservar rostos famosos (como o de Garbo), que são de fato ideais, consiste em procurar rostos "autênticos", em geral buscados entre pessoas anônimas, pobres, gente socialmente indefesa, idosos, loucos — pessoas indiferentes à agressão da câmera (ou sem força para protestar). Dois retratos de vítimas urbanas tirados por Strand, em 1916, *Mulheres cegas* e *Homem*, estão entre os primeiros resultados dessa pesquisa feita em *close*. Nos piores anos da depressão alemã, Helmar Lerski fez todo um catálogo de rostos desolados, publicado com o título *Köpfe des Alltags* [Rostos cotidianos] em 1931. Os modelos pagos para o que Lerski chamou de "estudos objetivos de personalidade" — com suas rudes revelações de poros excessivamente abertos, rugas, manchas na pele — eram trabalhadores desempregados, convocados por uma agência de empregos, mendigos, varredores de rua, mascates e lavadeiras.

A câmera pode ser leniente; ela é também uma especialista em crueldade. Mas sua crueldade só produz outro tipo de beleza, segundo as preferências surrealistas que regem o gosto fotográfico. Assim, se a fotografia de moda baseia-se no fato de que algo pode ser mais belo numa foto do que na vida real, não é surpreendente que certos fotógrafos que servem à moda também sejam levados ao não-

-fotogênico. Existe uma complementaridade perfeita entre as fotos de moda de Avedon, que lisonjeiam, e a obra em que ele se revela como Aquele Que Se Recusa a Lisonjear — por exemplo, os retratos elegantes e cruéis feitos por Avedon, em 1972, da morte de seu pai. A função tradicional da pintura de retratos, embelezar ou idealizar o tema, persiste como o objetivo da fotografia cotidiana e comercial, mas teve uma carreira muito mais limitada na fotografia tida como artística. Em termos gerais, as honras foram para as Cordélias.

Como veículo de determinada reação contra o convencionalmente belo, a fotografia serviu para ampliar imensamente a nossa ideia do que é esteticamente agradável. Às vezes essa reação se dá em nome da verdade. Outras vezes, em nome da sofisticação ou de outras mentiras mais bonitas: assim, a fotografia de moda foi desenvolvendo, ao longo de mais de uma década, um repertório de gestos paroxísmicos que mostra a inegável influência do surrealismo. ("A beleza será *convulsiva*", escreveu Breton, "ou não existirá.") Mesmo o mais compassivo fotojornalismo sofre uma pressão para satisfazer, ao mesmo tempo, dois tipos de expectativas: as que nascem de nosso modo amplamente surrealista de olhar todas as fotos e aquelas criadas por nossa crença de que certas fotos fornecem informações genuínas e importantes a respeito do mundo. As fotos que W. Eugene Smith tirou no fim da década de 1960 na aldeia de pescadores japoneses de Minamata, onde a maioria dos habitantes é aleijada e morre aos poucos, envenenada por mercúrio, nos comovem porque documentam um sofrimento que desperta nossa indignação — e nos distanciam porque são esplêndidas fotos de Agonia, em conformidade com os padrões surrealistas de beleza. A fotografia tirada por Smith de um jovem agonizante que se contorce nos braços da mãe é uma Pietà para o mundo das vítimas da peste que Artaud invoca como o verdadeiro tema da dramaturgia moderna; de fato, todas as fotos da série constituem possíveis imagens para o Teatro da Crueldade de Artaud.

Como cada foto é apenas um fragmento, seu peso moral e emocional depende do lugar em que se insere. Uma foto muda de acordo com o contexto em que é vista: assim, as fotos de Minamata tiradas por Smith parecerão diferentes numa cópia de contato, numa galeria, numa manifestação política, num arquivo policial, numa revista de fotos, numa revista de notícias comuns, num livro, na parede de uma sala de estar. Cada uma dessas situações sugere um uso diferente para as fotos mas nenhuma delas pode assegurar seu significado. A exemplo do que Wittgenstein afirmou sobre as palavras, ou seja, que o significado é o uso — o mesmo vale para cada foto. E é dessa maneira que a presença e a proliferação de todas as fotos contribuem para a erosão da própria noção de significado, para esse loteamento da verdade em verdades relativas, que é tido como algo fora de dúvida pela moderna consciência liberal.

Fotógrafos imbuídos de preocupação social supõem que sua obra possa transmitir algum tipo de significado estável, possa revelar a verdade. Mas, em parte por ser a fotografia sempre um objeto num contexto, tal significado está destinado a se esvair; ou seja, o contexto que molda qualquer uso imediato da fotografia — em especial o político — é imediatamente seguido por contextos em que tais usos são enfraquecidos e se tornam cada vez menos relevantes. Uma das principais características da fotografia é o processo pelo qual os usos originais são modificados e, por fim, suplantados por usos subsequentes — de modo mais notável, pelo discurso da arte, no qual qualquer foto pode ser absorvida. E, por serem também imagens, algumas fotos nos reportam, desde o início, tanto a outras imagens quanto à vida. A foto que as autoridades bolivianas transmitiram à imprensa do mundo, em outubro de 1967, do corpo de Che Guevara estirado no interior de um estábulo, sobre uma padiola, em cima de uma cuba de cimento, cercado por um coronel boliviano, um agente do serviço secreto americano e diversos jornalistas e soldados, não só resumia a amarga realidade da história contemporânea da América Latina como tinha uma inadvertida semelhança, como assinalou John Berger, com as pinturas *O Cristo morto*, de Mantegna, e *Lição de anatomia do professor Tulp*, de Rembrandt. O que há de impressionante na foto decorre, em parte, do que ela partilha, em termos de composição, com essas pinturas. De fato, a própria força com que a foto se inscreve em nossa memória indica seu potencial para se despolitizar, para tornar-se uma imagem atemporal.

O que de melhor se escreveu sobre a fotografia partiu da mão de moralistas — marxistas ou pretensos marxistas — obcecados por fotos mas incomodados com a maneira como a fotografia inexoravelmente embeleza. Como observou Walter Benjamin em 1934, numa palestra proferida em Paris no Instituto de Estudos do Fascismo, a câmera

> é agora incapaz de fotografar um prédio residencial ou um monte de lixo sem transfigurá-lo. Para não falar de uma represa num rio ou de uma fábrica de cabos de eletricidade: diante disso, a fotografia só consegue dizer: "Que belo". [...] Ela conseguiu tornar abjeta a própria pobreza, ao tratá-la de um modo elegante, tecnicamente perfeito, e transformá-la em objeto de prazer.

Os moralistas que amam fotos sempre esperam que as palavras salvem a imagem. (O caminho inverso ao do curador de museu que, a fim de transformar em arte a obra de um fotojornalista, expõe as fotos sem as legendas originais.) Assim, Benjamin pensava que a legenda correta ao pé da imagem poderia "resgatá-la dos estragos do modismo e conferir a ela um valor de uso revolucionário". Ele conclamava os escritores a começar a tirar fotos, para mostrar o caminho.

Escritores imbuídos de preocupação social não se afeiçoaram às câmeras, mas muitas vezes são convocados, ou se apresentam voluntariamente, para decifrar a verdade que as fotos testemunham — como fez James Agee nos textos que escreveu para acompanhar as fotos de Walker Evans em *Let us now praise famous men*, ou como fez John Berger em seu ensaio sobre a foto de Che Guevara morto, ensaio que é, a rigor, uma longa legenda que tenta estabelecer as associações políticas e o significado moral de uma foto que Berger julgou bastante satisfatória em termos estéticos, e bastante sugestiva em termos iconográficos. O curta-metragem de Godard e Gorin *Uma carta para Jane* (1972) redunda em uma espécie de contralegenda para uma foto — uma crítica mordaz a uma foto de Jane Fonda, tirada durante uma visita ao Vietnã do Norte. (O filme é também uma lição exemplar de como ler qualquer foto, como decifrar a natureza não inocente do enquadramento, do ângulo, do foco de uma foto.) O que a foto significou — ela mostra Fonda escutando com uma expressão de tristeza e compaixão enquanto uma vietnamita anônima relata os estragos causados pelo bombardeio americano — quando publicada na revista ilustrada francesa *L'Express* invertia, em certos aspectos, o sentido que tinha para os norte-vietnamitas que a divulgaram. Porém ainda mais decisivo do que o modo como a foto foi alterada por seu novo contexto é o modo como seu valor de uso revolucionário para os norte-vietnamitas foi sabotado por aquilo que *L'Express* ofereceu a título de legenda. "Esta foto, como qualquer foto", apontam Godard e Gorin, "é fisicamente muda. Fala pela boca do texto que vem escrito abaixo." De fato, as palavras falam mais alto do que as imagens. As legendas tendem a exagerar os dados da visão; mas nenhuma legenda consegue restringir, ou fixar, de forma permanente, o significado de uma imagem.

O que os moralistas exigem de uma foto é que ela faça aquilo que nenhuma foto é capaz de fazer — falar. A legenda é a voz que falta, e espera-se que ela fale a verdade. Mas mesmo uma legenda inteiramente acurada não passa de uma interpretação, necessariamente limitadora, da foto à qual está ligada. E a legenda é uma luva que se veste e se retira muito facilmente. Não pode impedir que qualquer tese ou apelo moral que uma foto (ou conjunto de fotos) pretende respaldar venha a ser minado pela pluralidade de significados que toda foto comporta, ou abrandado pela mentalidade aquisitiva implícita em toda atividade de tirar — ou colecionar— fotos e pela relação estética com seus temas, que todas as fotos inevitavelmente propõem. Mesmo as fotos que falam de modo tão pungente sobre um momento histórico específico nos dão, também, uma posse vicária de seus temas, sob o aspecto de uma espécie de eternidade: o belo. A foto de Che Guevara é, por fim... bela, como era o homem. Assim também são as pessoas de Minamata. Assim também o garotinho judeu fotografado em 1943 durante uma prisão em massa no gueto de Varsóvia, com os braços levantados e uma solene expressão de terror — foto que a heroína muda do filme *Persona*, de Bergman, levou consigo para o hospital de doentes mentais a fim de meditar, como uma foto-suvenir da essência da tragédia.

Numa sociedade de consumidores, mesmo a obra fotográfica mais bem-intencionada e devidamente legendada redunda na descoberta da beleza. A composição atraente e a perspectiva elegante das fotos tiradas por Lewis Hine de crianças exploradas em fábricas e minas americanas na virada do século sobrepujam facilmente a relevância de seu tema. Seguros habitantes de classe média dos recantos mais ricos do mundo — regiões onde se tira e se consome a maior parte das fotos — têm notícia dos horrores do mundo sobretudo por meio da câmera: as fotos podem afligir e afligem. Mas a tendência estetizadora da fotografia é tamanha que o veículo que transmite sofrimento termina por neutralizá-lo. As câmeras miniaturizam a experiência, transformam a história em espetáculo. Assim como criam solidariedade, fotos subtraem solidariedade, distanciam as emoções. O realismo das fotografias cria uma confusão a respeito do real, que é (a longo prazo) moralmente analgésica bem como (a longo e a curto prazo) sensorialmente estimulante. Portanto clareia nossos olhos. Esta é a visão nova de que todos falaram.

Quaisquer que sejam as reivindicações morais em favor da fotografia, seu principal efeito é converter o mundo numa loja de departamentos ou num museu sem paredes em que todo tema é degradado na forma de um artigo de consumo e promovido a um objeto de apreciação estética. Por meio da câmera, as pessoas se tornam clientes ou turistas da realidade — ou *Réalités*, como sugere o nome da revista fotográfica francesa, pois a realidade é entendida como plural, fascinante e à disposição de quem vier pegar. Ao trazer o exótico para perto, ao tornar exóticos o familiar e o doméstico, as fotos tornam disponível o mundo inteiro como um objeto de apreciação. Para os fotógrafos que não estão restritos a projetar suas próprias obsessões, existem momentos arrebatadores, temas belos, em toda parte. Os temas mais heterogêneos são, então, reunidos na unidade fictícia oferecida pela ideologia do humanismo. Desse modo, segundo um crítico, a grandeza das fotos de Paul Strand no último período da vida — quando ele passou das esplêndidas descobertas do olhar abstrato para as tarefas turísticas de criar antologias do mundo, cumpridas pela fotografia — consiste no fato de que "suas pessoas, sejam párias do Bowery, peões do México, fazendeiros da Nova Inglaterra, camponeses italianos, artesãos franceses, pescadores bretões ou das ilhas Hébridas, felás egípcios, o idiota da aldeia ou o grande Picasso, todas têm o toque do mesmo predicado heroico — a humanidade". O que é humanidade? É um predicado que as coisas possuem, em comum, quando vistas como fotos.

O impulso de tirar fotos é, em princípio, indiscriminado, pois a prática da fotografia está agora identificada com a ideia de que tudo no mundo poderia se tornar interessante por meio da câmera. Mas esse predicado de ser interessante, assim como o de manifestar humanidade, é vazio. A aquisição fotográfica do mundo, com sua produção ilimitada de anotações sobre a realidade, torna tudo homólogo. A fotografia não é menos redutora quando se faz compiladora do que quando revela formas belas. Ao desvelar a coisificação do ser humano, a humanidade das coisas, a fotografia transforma a realidade em tautologia. Quando Cartier-Bresson vai à China, mostra que há pessoas na China e que elas são os chineses.

Muitas vezes se invocam fotos como um apoio à compreensão e à tolerância. No jargão humanista, a mais elevada vocação da fotografia consiste em explicar o homem para o homem. Mas fotos não explicam; constatam. Robert Frank estava apenas sendo honesto quando declarou que, "para produzir um documento contemporâneo autêntico, o impacto visual deveria ser de tal ordem que anulasse a explicação". Se fotos são mensagens, a mensagem é, a um só tempo, transparente e misteriosa. "Uma foto é um segredo sobre um segredo", observou Arbus. "Quanto mais diz, menos você sabe." Apesar da ilusão de oferecer compreensão, ver por meio de fotos desperta em nós, na verdade, uma relação aquisitiva com o mundo, que alimenta a consciência estética e fomenta o distanciamento emocional.

A força de uma foto reside em que ela mantém abertos para escrutínio instantes que o fluxo normal do tempo substitui imediatamente. O congelamento do tempo — a estase insolente, pungente, de toda foto — produziu novos cânones de beleza, mais inclusivos. Porém as verdades que podem ser transmitidas em um momento dissociado, por mais decisivas ou significantes que sejam, têm uma relação muito estreita com as necessidades de compreensão. Ao contrário do que é sugerido pela defesa humanista da fotografia, a capacidade que a câmera tem de transformar a realidade em algo belo decorre de sua relativa fraqueza como meio de comunicar a verdade. A razão por que o humanismo se tornou a ideologia dominante dos fotógrafos profissionais ambiciosos — retirando do caminho as justificações formalistas de sua busca de beleza — é que ele mascara as confusões sobre verdade e beleza subjacentes à atividade fotográfica.

EVANGELHOS FOTOGRÁFICOS

A exemplo de outras atividades francamente enobrecedoras, a fotografia inspirou em seus mais destacados praticantes uma necessidade de explicar, seguidas vezes, o que fazem e por que é valioso. A época em que a fotografia foi amplamente atacada (como parricida, com relação à pintura, e predatória, com relação às pessoas) foi breve. A pintura, está claro, não se extinguiu em 1839, como previu afoitamente um pintor francês; os ressentidos logo pararam de denegrir a fotografia como uma cópia servil; e em 1854 um grande pintor, Delacroix, declarou gentilmente como lamentava que uma invenção tão admirável tivesse chegado tão tarde. Nada é mais aceitável, hoje, do que a reciclagem fotográfica da realidade, aceitável como uma atividade cotidiana e como um ramo da arte elevada. Porém algo na fotografia ainda mantém os profissionais de primeira linha numa atitude defensiva e exortatória: quase todo fotógrafo importante, até o presente, redigiu manifestos e profissões de fé em que expõe a missão moral e estética da fotografia. E os fotógrafos dão as explicações mais contraditórias do tipo de conhecimento que possuem e do tipo de arte que praticam.

* * *

A desconcertante tranquilidade com que os fotógrafos podem ser acatados, a inevitável, mesmo quando inadvertida, autoridade dos produtos da câmera sugerem uma relação muito tênue com o saber. Ninguém discute que a fotografia deu um tremendo impulso às pretensões cognitivas da visão, porque — mediante o *close* e a sondagem à distância — ampliou enormemente o reino do visível. Porém, sobre as maneiras como qualquer tema ao alcance do olho nu será mais bem conhecido por meio de uma foto, ou sobre o grau de conhecimento que as pessoas precisam ter a respeito daquilo que fotografam a fim de obter uma boa foto, não existe acordo. Tirar fotos foi interpretado de duas maneiras completamente distintas: como um ato de conhecimento lúcido e preciso, de inteligência consciente, ou como um modo de confronto pré-intelectual e intuitivo. Assim, Nadar, ao comentar suas fotos respeitosas e expressivas de Baudelaire, Doré, Michelet, Hugo, Berlioz, Nerval, Gautier, Sand, Delacroix e outros amigos famosos, disse que "os retratos que faço melhor são das pessoas que conheço melhor", ao passo que Avedon observou que a maioria de seus bons retratos é de pessoas que viu pela primeira vez quando foi fotografá-las.

No século XX, a geração de fotógrafos mais velhos definiu a fotografia como um esforço heroico de atenção, uma disciplina ascética, uma receptividade mística ao mundo, que requer que o fotógrafo atravesse uma nuvem de desconhecimento. Segundo Minor White, "o estado mental do fotógrafo ao criar é um vazio [...] quando em busca de imagens. [...] O fotógrafo projeta a si mesmo em tudo o que vê, identifica-se com tudo a fim de conhecê-lo e senti-lo melhor". Cartier-Bresson comparou-se a um arqueiro zen, que tem de transformar-se no alvo para ser capaz de atingi-lo; "pensar é algo que tem de ser feito antes e depois", diz ele, "nunca durante o processo de tirar uma foto". O pensamento é visto como algo que turva a transparência da consciência do fotógrafo e infringe a autonomia daquilo que é fotografado. Decididos a provar que as fotos podiam transcender o literal — e, quando são boas, sempre o fazem —, muitos fotógrafos sérios fizeram da fotografia um paradoxo noético. A fotografia é apresentada como uma forma de conhecer sem conhecer: um modo de ludibriar o mundo, em lugar de lançar contra ele um ataque frontal.

Mas, mesmo quando profissionais ambiciosos desacreditam o pensamento — a desconfiança contra o intelecto é um tema recorrente nos elogios à fotografia —, em geral querem deixar claro a que ponto essa visualização permissiva tem de ser rigorosa. "Uma foto não é um acidente — é um conceito", insiste Ansel Adams. "Abordar a fotografia à maneira de uma metralhadora — atirando muitos negativos na esperança de que uma será boa — é fatal para a pretensão de obter resultados sérios." Para se tirar uma foto boa, reza a regra comum, é preciso que a pessoa esteja vendo a foto. Ou seja, a imagem deve existir na mente do fotógrafo, no momento, ou antes do momento, em que o negativo é exposto. Na maioria dos casos, justificar a fotografia impediu que se admitisse que o método de atirar para todos os lados, sobretudo quando usado por uma pessoa experiente, pode produzir um resultado perfeitamente satisfatório. Mas, apesar de sua relutância em dizê-lo, a maioria dos fotógrafos sempre teve — com bons motivos — uma confiança quase supersticiosa no acidente de sorte.

Ultimamente, o segredo está se tornando confessável. À medida que a defesa da fotografia entra na sua atual fase retrospectiva, verifica-se uma crescente timidez nas pretensões a respeito do estado mental alerta e consciente, que fazia parte dos requisitos para se tirar fotos. As declarações anti-intelectuais dos fotógrafos, lugares-comuns do pensamento modernista sobre as artes, prepararam o caminho para a gradual inclinação da fotografia séria para uma investigação cética acerca de seus próprios poderes, um lugar-comum da prática modernista na arte. À fotografia como conhecimento seguiu-se a fotografia como — fotografia. Numa veemente reação contra qualquer ideal de representação fidedigna, os jovens fotógrafos americanos mais influentes rejeitam qualquer ambição de pré-visualizar a imagem e concebem sua obra procurando demonstrar como as coisas parecem diferentes quando fotografadas.

Quando as pretensões de conhecimento perdem o ímpeto, as pretensões de criatividade ocupam-lhes o espaço. Como para contestar o fato de que muitas fotos excelentes são tiradas por fotógrafos destituídos de quaisquer intenções sérias ou interessantes, a insistência em que a atividade de tirar fotos é, antes de tudo, o foco de um temperamento, e apenas secundariamente de uma máquina, sempre constituiu uma das teses principais da defesa da fotografia. Essa é a tese preconizada de modo tão eloquente no mais apurado ensaio já escrito em louvor à fotografia, o capítulo de Paul Rosenfeld acerca de Stieglitz em *Port of New York*. Ao empregar "seu maquinário", como diz Rosenfeld, "de modo não mecânico", Stieglitz mostra que a câmera não só "lhe deu uma oportunidade de expressar-se" como forneceu imagens com uma gama mais larga e "mais refinada do que a mão pode obter". De forma semelhante, Weston insiste repetidas vezes em que a fotografia é uma oportunidade suprema para a autoexpressão, muito superior à oferecida pela pintura. Para a fotografia, competir com a pintura significa invocar a originalidade como um importante critério de avaliação da obra de um fotógrafo, uma vez que a originalidade equivale à chancela de uma sensibilidade única e poderosa. O estimulante "são fotos que dizem algo de um modo novo", escreveu Harry Callahan, "*não* pelo gosto de ser diferente, mas porque o indivíduo é diferente, e o indivíduo expressa a si mesmo". Para Ansel Adams, "uma grande foto" tem de ser "uma expressão plena daquilo que a pessoa sente a respeito do que é fotografado, no sentido mais profundo, e é portanto uma expressão verdadeira daquilo que a pessoa sente a respeito da vida em seu todo".

É evidente que existe uma diferença entre a fotografia entendida como "expressão verdadeira" e a fotografia entendida (o que é o mais comum) como um registro fiel; embora a maioria dos arrazoados acerca da missão da fotografia tente velar essa diferença, ela está implícita nos termos rigorosamente polarizados que os fotógrafos empregam a fim de dramatizar aquilo que fazem. A exemplo do que fazem em geral as formas de busca de autoexpressão, a fotografia retoma os dois modos tradicionais de opor radicalmente o eu e o mundo. A fotografia é vista como uma aguda manifestação do "eu" individualizado, o eu recolhido a si mesmo e desabrigado, perdido em um mundo avassalador — que domina a realidade mediante uma rápida compilação visual dessa realidade. Ou a fotografia é vista como um meio de encontrar um lugar no mundo (ainda vivenciado como avassalador, alheio), ao ser capaz de relacionar-se com ele de modo distanciado — desviando-se das insolentes e inoportunas pretensões do eu. Mas, entre a defesa da fotografia como um meio superior de autoexpressão e o louvor da fotografia como um meio superior de pôr o eu a serviço da realidade, não há tanta diferença como pode parecer. Ambos supõem que a fotografia proporciona um sistema especial de revelação: que nos mostra a realidade como *não* a víamos antes.

Esse caráter revelador da fotografia passa, em geral, pelo nome polêmico de realismo. Do ponto de vista de Fox Talbot, de que a câmera produz "imagens naturais", à denúncia de Berenice Abbott contra a fotografia "pictórica", e à advertência de Cartier-Bresson de que "o que mais se deve temer é aquilo que se obtém por meio de artifícios", a maioria das declarações contraditórias dos fotógrafos converge para confissões contritas de respeito pelas coisas tais como são. Para um veículo visto, com tanta frequência, como meramente realista, era de pensar que os fotógrafos não se conduzissem como o fazem, exortando-se mutuamente a se manter aferrados ao realismo. Mas as exortações continuam — outro exemplo da necessidade que têm os fotógrafos de tornar misterioso e premente o processo pelo qual se apropriam do mundo.

Insistir, como faz Abbott, em que o realismo é a própria essência da fotografia não estabelece, como poderia parecer, a superioridade de determinado procedimento ou critério; não significa necessariamente que fotos-documentos (palavra de Abbott) são melhores do que fotos pictóricas.* O compromisso da fotografia com o realismo pode adaptar-se a qualquer estilo, a qualquer abordagem do tema. Às vezes, ele será definido mais rigidamente como a criação de imagens que se assemelham ao mundo e nos informam a seu respeito. Interpretado de modo mais amplo, fazendo eco à suspeita contra a mera similitude que inspirou a pintura durante mais de um século, o realismo fotográfico pode ser — e é, cada vez mais — definido não como o que "realmente" existe, mas como aquilo que eu "realmente" percebo. Embora todas as formas modernas de arte reclamem para si alguma relação privilegiada com a realidade, a pretensão parece especialmente justificada no caso da fotografia. Mas a fotografia, no final, não se mostrou mais imune do que a pintura às dúvidas modernas mais

---

* O significado original de pictórico era, está claro, o sentido positivo popularizado pelo fotógrafo de arte mais famoso do século XIX, Henry Peach Robinson, em seu livro *Efeito pictórico na fotografia* (1896). "Seu método consistia em lisonjear tudo", diz Abbott num manifesto que redigiu em 1951, "O dilema da fotografia". Elogiando Nadar, Brady, Atget e Hine como mestres da foto-documento, Abbott repudia Stieglitz como um herdeiro de Robinson, fundador de uma "escola superpictórica", na qual, novamente, "a subjetividade predominava".

características a respeito de qualquer relação direta com a realidade — a incapacidade de aceitar como algo fora de questão o mundo tal como observado. Mesmo Abbott não pôde evitar a suposição de uma alteração na própria natureza da realidade: de que ela precisa do olhar seletivo e mais aguçado da câmera, uma vez que simplesmente existe muito mais realidade do que antes. "Hoje, nos defrontamos com a realidade na mais ampla escala que a humanidade já conheceu", declara ela, e isso impõe "uma responsabilidade maior para o fotógrafo".

Tudo o que o programa de realismo da fotografia de fato implica é a crença de que a realidade está oculta. E, estando oculta, é algo que deve ser desvelado. Tudo o que a câmera registra é um desvelamento — quer se trate de algo imperceptível, partes fugazes de um movimento, uma ordem de coisas que a visão natural é incapaz de perceber ou uma "realidade realçada" (expressão de Moholy-Nagy), quer se trate apenas de um modo elíptico de ver. O que Stieglitz define como sua "paciente espera pelo momento de equilíbrio" compreende a mesma suposição acerca do caráter essencialmente oculto do real que a espera de Robert Frank pelo momento de desequilíbrio revelador, para apanhar a realidade desprevenida, no que ele chama de "momentos intermediários".

Na visão fotográfica, mostrar algo, seja o que for, é mostrar que isso está oculto. Mas, para os fotógrafos, não é necessário enfatizar o mistério com temas exóticos ou extraordinariamente chocantes. Quando Dorothea Lange exorta seus colegas a concentrar-se no "familiar", é com o entendimento de que o familiar, interpretado por um emprego sensível da câmera, se tornará, desse modo, misterioso. O compromisso da fotografia com o realismo não a restringe a determinados temas, tidos como mais reais do que outros, mas antes ilustra o entendimento formalista do que se passa em toda obra de arte: a realidade é, nos termos de Viktor Chklóvski, desfamiliarizada. O que se exige é uma relação agressiva com todos os temas. Munidos de suas máquinas, cabe aos fotógrafos tomar de assalto a realidade — que é vista como recalcitrante, enganosamente disponível, irreal. "As fotos têm, para mim, uma realidade que as pessoas não têm", declarou Avedon. "É por meio da fotografia que eu as conheço." Pretender que a fotografia deva ser realista não é incompatível com um alargamento ainda maior do abismo entre imagem e realidade, em que o conhecimento misterioso (e o realce da realidade) propiciado pelas fotos supõe uma desvalorização ou uma prévia alienação da realidade.

Como os fotógrafos o descrevem, tirar fotos é uma técnica ilimitada de apropriar-se do mundo objetivo e também uma expressão inevitavelmente solipsista do eu singular. As fotos retratam realidades que já existem, embora só a câmera possa desvelá-las. E retratam um temperamento individual, que se descobre por meio da colheita da realidade feita pela câmera. Para Moholy-Nagy, o gênio da fotografia reside na capacidade de transmitir "um retrato objetivo: o indivíduo a ser fotografado, de sorte que o resultado fotográfico não seja embaraçado pela intenção subjetiva". Para Lange, todo retrato de outra pessoa é um "autorretrato" do fotógrafo, assim como para Minor White — ao promover "a autodescoberta por meio da câmera" — as fotos de paisagem são, na verdade, "paisagens interiores". Os ideais são antitéticos. Na medida em que a fotografia é (ou deveria ser) sobre o mundo, o fotógrafo conta pouco, mas na medida em que é o instrumento de uma subjetividade questionadora e intrépida, o fotógrafo é tudo.

A exigência de Moholy-Nagy de um autoapagamento do fotógrafo decorre de sua avaliação do caráter edificante da fotografia: ela conserva e aprimora nossos poderes de observação, enseja "uma transformação psicológica de nossa visão". (Num ensaio publicado em 1936, ele diz que a fotografia cria ou amplia oito variedades de visão: abstrata, exata, rápida, lenta, intensificada, penetrante, simultânea e distorcida.) Mas o autoapagamento é também a exigência que respalda abordagens da fotografia completamente distintas e anticientíficas, como as que se manifestam no credo de Robert Frank: "Há uma coisa que o fotógrafo precisa abrigar, a humanidade do momento". Nas duas concepções, o fotógrafo é proposto como uma espécie de observador ideal — para Moholy-Nagy, ele vê com a isenção de um pesquisador; para Frank, ele vê "simplesmente através dos olhos do homem comum das ruas".

Um atrativo de qualquer concepção do fotógrafo como o observador ideal — seja impessoal (Moholy-Nagy), seja solidário (Frank) — consiste em que, implicitamente, ela nega que tirar fotos seja, em qualquer aspecto, um ato agressivo. A circunstância de que sua atividade pode ser apresentada dessa maneira torna a maioria dos fotógrafos profissionais extremamente defensiva. Cartier-Bresson e Avedon estão entre os muito poucos que falaram com honestidade (ainda que de modo pesaroso) sobre o aspecto explorador da atividade do fotógrafo. Em geral, os fotógrafos sentem-se obrigados a protestar a inocência da fotografia, afirmam que a atitude predatória é incompatível com uma foto boa e esperam que um vocabulário mais positivo venha pôr o assunto em pratos limpos. Um dos exemplos mais memoráveis desse tipo de palavrório é a definição que Ansel Adams faz da câmera como "um instrumento de amor e de revelação"; Adams também nos exorta a parar de dizer que "tiramos" fotos e, em lugar disso, dizer sempre que "fazemos" fotos. O título dado por Stieglitz para os estudos de nuvens que fez em fins da década de 1920 — *Equivalentes*, ou seja, manifestações dos seus sentimentos interiores — é outro exemplo, mais moderado, do persistente esforço dos fotógrafos para enfatizar o caráter benévolo da atividade de tirar fotos e não levar em conta suas implicações predatórias. O que fotógrafos talentosos fazem não pode, está claro, ser caracterizado como simplesmente predatório, nem como simplesmente, e essencialmente, benévolo. A fotografia é o paradigma de uma relação intrinsecamente equívoca entre o eu e o mundo — sua versão da ideologia do realismo às vezes prescreve um apagamento do eu em favor do mundo, outras vezes autoriza uma atitude agressiva diante do mundo, a qual celebra o eu. Um lado ou outro da relação é sempre redescoberto e defendido.

Um efeito importante da coexistência desses dois ideais — tomar de assalto a realidade e submeter-se a ela — é uma recorrente ambivalência com respeito ao *significado* da fotografia. Quaisquer que sejam as pretensões da fotografia como uma forma de expressão pessoal em paridade de condições com a pintura, continua a ser verdade que sua originalidade está inextricavelmente ligada aos poderes da máquina: ninguém pode negar o conteúdo informacional e a beleza formal de muitas fotos que se tornaram possíveis graças ao aumento constante desses poderes, como as fotos em alta velocidade, tiradas por Harold Edgerton, de uma bala no instante em que atinge o alvo e dos rodopios e torvelinhos de uma raquetada de tênis, ou as fotos endoscópicas, tiradas por Lennart Nilsson, do interior do corpo humano. Mas à medida que as câmeras se tornam cada vez mais sofisticadas, mais automatizadas, mais acuradas, alguns fotógrafos sentem-se tentados a desarmar-se ou a sugerir que não estão de fato armados, e preferem submeter-se aos limites impostos por uma tecnologia de câmera pré-moderna — acredita-se que um mecanismo mais tosco, menos poderoso, produza resultados mais interessantes ou expressivos, deixe mais espaço para o acidente criativo. Não usar equipamentos complicados tem sido uma questão de honra para muitos fotógrafos — entre eles Weston, Brandt, Evans, Cartier-Bresson, Frank —; alguns se aferram a uma câmera já bastante surrada, de desenho simples e lentes vagarosas que compraram no início de sua carreira, alguns continuam a tirar suas provas de contato sem nada mais sofisticado do que umas poucas bandejas, um frasco de revelador e um frasco de fixador.

A câmera é, de fato, o instrumento para "ver rápido", como afirmou um modernista confiante, Alvin Langdon Coburn, em 1918, fazendo eco à apoteose futurista das máquinas e da velocidade. A atual atitude de dúvida da fotografia pode ser aferida pela recente afirmação de Cartier-Bresson de que ela pode ser rápida *demais*. O culto do futuro (de uma visão cada vez mais rápida) alterna com o desejo de voltar a um passado mais puro e mais artesanal — quando as imagens ainda tinham um atributo de manufatura, uma aura. A nostalgia de um estado ancestral da atividade fotográfica se encontra subjacente ao atual entusiasmo por daguerreótipos, cartões estereográficos, *cartes de visite* fotográficas, instantâneos de família, fotos de esquecidos fotógrafos provincianos e comerciais século XIX e início do XX.

Mas a relutância em usar o mais novo equipamento de alta potência não é a única nem, de fato, a mais interessante maneira como os fotógrafos expressam sua atração pelo passado da fotografia. Os anseios primitivistas que plasmam o gosto fotográfico atual são, na verdade, respaldados pelas incessantes inovações tecnológicas da câmera. Pois muitos desses avanços não apenas ampliam os poderes da câmera como também recapitulam — de um modo mais engenhoso, menos complicado — antigas possibilidades da fotografia, descartadas com o tempo. Assim, o desenvolvimento da fotografia depende da substituição do processo do daguerreótipo, em que se aplica diretamente o positivo sobre uma chapa de metal, pelo processo negativo-positivo, por meio do qual se pode obter um número ilimitado de cópias (positivos) a partir de um original (negativo). (Embora criadas simultaneamente em fins da década de 1830, não foi a invenção de Fox Talbot do processo negativo--positivo, mas sim a invenção de Daguerre, apoiada pelo governo e anunciada em 1839 com grande publicidade, que se tornou o primeiro processo fotográfico de uso geral.) Mas agora se pode dizer que a câmera está se voltando sobre os próprios passos. A câmera Polaroid revive o princípio da câmera de daguerreótipo: cada cópia é um objeto único. O holograma (uma imagem tridimensional criada com luz laser) poderia ser considerado uma variante dos heliogramas — as primeiras fotos feitas sem câmera, na década de 1820, por Nicéphore Niepce. E o emprego cada vez mais popular da câmera para produzir diapositivos — imagens que não podem ser expostas em caráter permanente, nem guardadas na carteira e em álbuns, mas que só podem ser projetadas na parede ou no papel (como um subsídio para desenhar) — remonta a uma época ainda mais antiga da pré-história da câmera, pois remete ao uso da câmera fotográfica para cumprir a função da *camera obscura*.

"A história está nos empurrando para o limiar de uma era realista", segundo Abbott, que exorta os fotógrafos a dar o salto por si mesmos. Porém, enquanto os fotógrafos exortam-se perpetuamente uns aos outros a ser mais corajosos, persiste uma dúvida em torno do valor do realismo, que os faz oscilar entre simplicidade e ironia, entre insistir no controle e cultivar o inesperado, entre a sofreguidão para tirar partido da complexa evolução dos equipamentos e o desejo de reinventar a fotografia a partir do zero. Os fotógrafos parecem precisar, periodicamente, resistir a seus conhecimentos e remistificar o que fazem.

Historicamente, questões acerca do conhecimento não figuram na primeira linha de defesa da fotografia. As primeiras controvérsias giravam em torno da questão de saber se a fidelidade da fotografia às aparências e sua dependência de uma máquina a impediam de ser uma das belas-artes — distinta de uma simples arte prática, de um ramo da ciência e de um negócio. (Era óbvio, desde o início, que a fotografia fornecia úteis e, muitas vezes, surpreendentes tipos de informação. Os fotógrafos só passaram a se preocupar com o que sabiam, e com que tipo de conhecimento, num sentido mais profundo, uma foto proporciona, *após* a fotografia ter sido aceita como uma arte.) Durante um século, a defesa da fotografia se identificou com a luta para estabelecê-la como uma bela-arte. Contra a crítica de que a fotografia era uma cópia mecânica e sem alma da realidade, os fotógrafos alegavam que se tratava de uma revolta de vanguarda contra os padrões comuns de visão, uma arte tão digna quanto a pintura.

Agora, os fotógrafos são mais seletivos em suas pretensões. Desde que a fotografia se tornou inteiramente respeitável como um ramo das belas-artes, eles não buscam mais o abrigo que a ideia de arte proporcionou de forma intermitente à atividade fotográfica. A despeito de todos os importantes fotógrafos americanos que orgulhosamente identificaram sua obra com os objetivos da arte (como Stieglitz, White, Siskind, Callahan, Lange, Laughlin), há outros muito mais numerosos que repudiam a questão em si mesma. Saber se "os produtos de uma câmera se enquadram na categoria de Arte é irrelevante", escreveu Strand na década de 1920; e Moholy-Nagy declarou ser "totalmente impertinente discutir se a fotografia produz 'arte' ou não". Os fotógrafos que chegaram à maturidade na década de 1940 ou depois são mais ousados, afrontam abertamente a arte, equiparam arte a rebuscamento vazio. Declaram, em geral, estar descobrindo, registrando, observando imparcialmente, testemunhando, explorando a si mesmos — tudo, enfim, menos criando obras de arte. No início, foi o compromisso da fotografia com o realismo que a pôs numa relação perpetuamente ambígua com a arte; agora, é sua herança modernista. O fato de fotógrafos importantes não mais desejarem discutir se a fotografia é ou não uma bela-arte e limitarem-se a proclamar que sua obra *não* está envolvida com arte mostra a que ponto eles simplesmente consideram como inquestionável o conceito de arte imposto pelo triunfo do modernismo: quanto melhor a arte, mais subverterá os objetivos tradicionais da arte. E o gosto modernista saudou com aplausos essa atividade despretensiosa que, quase a despeito de si mesma, pode ser consumida como arte.

Mesmo no século XIX, quando se julgava que a fotografia carecia, de um modo tão flagrante, ser defendida como uma bela-arte, a linha de defesa nada teve de estável. A tese de Julia Margaret Cameron de que a fotografia se qualifica como arte porque, a exemplo da pintura, almeja a beleza foi seguida pela tese wildiana de Henry Peach Robinson de que a fotografia é uma arte porque pode mentir. No início do século XX, o elogio de Alvin Langdon Coburn à fotografia como "a mais moderna das artes" por ser um modo rápido e impessoal de ver rivalizou com o elogio de Weston à fotografia como um novo meio de criação visual individual. Em décadas recentes, a ideia de arte se exauriu como um instrumento de polêmica; a rigor, boa parte do enorme prestígio adquirido pela fotografia como uma forma de arte decorre de sua declarada ambivalência quanto a se tornar uma arte. Quando os fotógrafos, hoje, negam que fazem obras de arte, a causa é pensarem que fazem algo melhor. Seus repúdios nos revelam mais sobre a condição sitiada de qualquer noção de arte do que sobre ser a fotografia uma arte ou não.

Apesar dos esforços de fotógrafos contemporâneos para exorcizar o fantasma da arte, algo perdura. Por exemplo, quando os profissionais se opõem a ter suas fotos impressas até a borda da página, em livros e revistas, invocam o exemplo de outra arte: assim como as pinturas são postas em molduras, deveriam as fotos ser emolduradas em espaços em branco. Outro exemplo: muitos fotógrafos continuam a preferir imagens em preto e branco, tidas por mais delicadas, mais decorosas do que as imagens em cores — ou menos voyeurísticas, ou menos sentimentais, ou cruamente reais. Mas o verdadeiro fundamento para tal preferência é, mais uma vez, uma comparação implícita com a pintura. Na introdução ao seu livro sobre fotos *O momento decisivo* (1952), Cartier-Bresson justificou sua resistência ao uso de cores citando limitações técnicas: a baixa velocidade do filme colorido, que reduz a profundidade do foco. Mas, com o rápido progresso da tecnologia do filme colorido nas duas últimas décadas, que permitiu toda a sutileza de tons e toda a alta resolução que se podia desejar, Cartier-Bresson teve de mudar sua argumentação, e agora propõe que os fotógrafos renunciem às cores por uma questão de princípio. Na versão de Cartier--Bresson do persistente mito segundo o qual — após a invenção da câmera — ocorreu uma divisão de territórios entre a fotografia e a pintura, a cor pertence à pintura. Ele recomenda aos fotógrafos que resistam à tentação e mantenham a sua parte do pacto.

Aqueles ainda empenhados em definir a fotografia como uma arte sempre tentam persistir numa linha de argumentação. Mas é impossível persistir na mesma linha: toda tentativa de restringir a fotografia a certos temas ou certas técnicas, por mais frutífera que se revele, está condenada a ser contestada e a sucumbir. Pois é da própria natureza da fotografia ser uma forma de ver promíscua e, em mãos talentosas, um meio de criação infalível. (Como observa John Szarkowski, "um fotógrafo hábil pode fotografar bem qualquer coisa".) Daí sua antiga desavença com a arte, termo que (até recentemente) designava os frutos de uma forma de ver purificada e discriminatória e um meio de criação regido por padrões que tornavam uma realização genuína uma raridade. De forma compreensível, os fotógrafos têm se mostrado relutantes a desistir da tentativa de definir mais restritamente o que é a boa fotografia. A história da fotografia é marcada por uma série de controvérsias dualistas — como a da cópia direta contra a cópia modificada, ou a da fotografia pictórica contra a fotografia documental —, cada uma delas uma forma distinta do debate sobre a relação entre a fotografia e a arte: até que ponto pode a fotografia se aproximar da arte sem abrir mão de suas pretensões de aquisição visual ilimitada? Recentemente, tornou-se comum afirmar que todas essas controvérsias estão superadas, o que sugere que o debate se encerrou. Mas é improvável que a defesa da fotografia como arte um dia venha a cessar completamente. Enquanto a fotografia não for apenas um modo voraz de ver, mas sim um modo de ver que precisa ter a pretensão de ser especial e distintivo, os fotógrafos continuarão a buscar abrigo (quando não cobertura) no santuário profanado mas ainda prestigioso da arte.

Fotógrafos que, ao tirar fotos, supõem afastar-se das pretensões à arte tal como exemplificadas na pintura fazem-nos recordar aqueles pintores expressionistas abstratos que imaginaram estar afastando-se da arte, ou da Arte, pelo ato de pintar (ou seja, ao tratar a tela como um campo de ação e não como um objeto). E grande parte do prestígio que a fotografia adquiriu recentemente como arte se baseia na convergência de suas pretensões com aquelas da pintura e da escultura mais recente.* O apetite aparentemente insaciável por fotografia na década de

---

* As pretensões da fotografia são, é claro, muito mais antigas. Para a prática, hoje familiar, de substituir a fabricação pelo encontro, substituir objetos ou situações produzidos (ou inventados) por aqueles encontrados, substituir o esforço pela decisão, o protótipo é a arte instantânea da fotografia com a mediação de uma máquina. Foi a fotografia que primeiro pôs em circulação a ideia de uma arte produzida não por meio de gravidez e parto, mas por meio de um encontro marcado com um desconhecido. (A teoria do "*rendez-vous*", de Duchamp.) Mas os fotógrafos profissionais são muito menos seguros do que seus contemporâneos

1970 expressa mais do que o prazer de descobrir e explorar uma forma de arte relativamente relegada; boa parte de seu fervor decorre do desejo de reafirmar a rejeição da arte abstrata, uma das mensagens do gosto pop da década de 1960. Prestar mais e mais atenção a fotos constitui um grande alívio para sensibilidades cansadas dos esforços mentais exigidos pela arte abstrata, ou ansiosas para evitar tais esforços. A pintura modernista clássica pressupõe habilidades altamente desenvolvidas de olhar, de par com uma familiaridade com outras artes e com certas ideias sobre a história da arte. A fotografia, como a arte pop, tranquiliza os espectadores mostrando que a arte não é difícil; parece ter mais a ver com os temas do que com a arte.

A fotografia é o mais bem-sucedido veículo do gosto modernista em sua versão pop, com seu zelo para desmascarar a alta cultura do passado (concentrando-se em cacos, lixo, velharias; sem excluir nada); com sua corte consciente à vulgaridade; sua afeição pelo *kitsch*; sua habilidade para conciliar as ambições da vanguarda com as compensações do comercialismo; seu desprezo pseudorradical da arte como reacionária, elitista, esnobe, insincera, artificial, sem contato com as verdades amplas da vida cotidiana; sua transformação da arte em documento cultural. Ao mesmo tempo, a fotografia incorporou gradualmente todas as inquietações e todos os escrúpulos de uma arte modernista clássica. Muitos profissionais agora se preocupam com terem levado essa estratégia populista longe demais e temem que o público se esqueça de que a fotografia é, afinal, uma atividade nobre e louvável — em suma, uma arte. Pois o incentivo modernista à arte

---

influenciados por Duchamp no terreno das belas-artes estabelecidas, e em geral se apressam em sublinhar que uma decisão de momento pressupõe um treino demorado da sensibilidade, do olho, e em insistir que a falta de esforço no ato de tirar fotos não torna o fotógrafo menos artífice do que um pintor.

ingênua contém uma cláusula disfarçada no contrato: que se deve continuar a respeitar sua oculta pretensão à sofisticação.

Não pode ser coincidência o fato de que, exatamente no momento em que os fotógrafos pararam de discutir se a fotografia é ou não uma arte, ela passou a ser aclamada como tal pelo público em geral e ingressou, à força, nos museus. A naturalização da fotografia como arte pelo museu é a vitória conclusiva da campanha de um século travada pelo gosto modernista em favor de uma definição de arte sem fronteiras, uma vez que a fotografia oferecia um campo muito mais conveniente do que a pintura para esse esforço. Pois a fronteira, na fotografia, entre amador e profissional, primitivo e sofisticado, não é só mais difícil de traçar do que na pintura — ela tem pouco sentido. A fotografia ingênua, comercial ou apenas utilitária não difere, no tipo, da fotografia praticada pelos profissionais mais talentosos: há fotos tiradas por amadores anônimos tão interessantes, tão formalmente complexas, tão representativas das potencialidades características da fotografia quanto uma foto de Stieglitz ou de Evans.

A circunstância de todos os tipos de fotografia formarem uma tradição contínua e interdependente exprime a premissa outrora surpreendente, e hoje aparentemente óbvia, que se encontra subjacente ao gosto fotográfico contemporâneo e autoriza a expansão indefinida desse gosto. Essa premissa só se tornou plausível quando a fotografia foi aceita por curadores e historiadores e passou a ser exposta normalmente em museus e galerias de arte. A carreira da fotografia no museu não contempla um estilo em particular; em vez disso, apresenta a fotografia como uma coleção de intenções e de estilos simultâneos que, por mais diferentes que se mostrem, não são absolutamente entendidos como contraditórios. Porém, embora a manobra tenha alcançado um enorme sucesso com o público, a reação dos profissionais da fotografia é dúbia. Mesmo quando saúdam a nova legitimidade da fotografia, muitos deles se sentem ameaçados quando as imagens mais ambiciosas são discutidas em continuidade direta com *todos* os tipos de imagens, desde o fotojornalismo até a fotografia científica e instantâneos tirados em família — protestando que isso reduz a fotografia a algo trivial, vulgar, um mero ofício.

O verdadeiro problema de trazer fotos funcionais, fotos tiradas com fins práticos, sob encomenda comercial, ou como suvenires, para o veio mais importante da atividade fotográfica não reside em que isso rebaixa a fotografia, vista como uma bela-arte, mas sim em que o processo contradiz a natureza da maioria das fotos. Na maior parte do uso que se faz da câmera, a função ingênua ou descritiva da foto é a predominante. Mas, quando vista em seu novo contexto, o museu ou a galeria, as fotos deixam de ser "sobre" seus temas desse modo direto ou primário; tornam-se estudos das possibilidades da fotografia. A adoção da fotografia pelo museu faz com que a própria fotografia pareça problemática, de um modo vivenciado apenas por um pequeno número de fotógrafos escrupulosos, cuja obra consiste justamente em questionar a capacidade da câmera para apreender a realidade. As coleções ecléticas dos museus reforçam o caráter arbitrário e subjetivo de todas as fotos, incluindo as mais francamente descritivas.

Montar exposições de fotos tornou-se uma típica atividade dos museus, assim como montar exposições individuais de pintores. Mas um fotógrafo não é como um pintor, pois o papel do fotógrafo é recessivo em boa parte da fotografia séria, e quase irrelevante em todos os seus demais usos comuns. Na medida em que o tema fotografado nos interessa, esperamos que o fotógrafo seja uma presença extremamente discreta. Assim, o próprio sucesso do fotojornalismo repousa na dificuldade de distinguir a obra de um fotógrafo superior da obra de outro, exceto quando o fotógrafo monopolizou um tema específico. Tais fotos têm seu poder como imagens (ou cópias) do mundo, e não da consciência individual de um artista. E na grande maioria das fotos — com fins científicos e industriais, tiradas pela imprensa, pelos militares e pela polícia, pelas famílias —, qualquer traço da visão pessoal de quem quer que esteja atrás da câmera interfere no requisito básico da foto: que ela registre, diagnostique, informe.

Faz sentido que uma pintura seja assinada e uma foto não (ou que pareça mau gosto assinar uma foto). A própria natureza da fotografia implica uma relação equívoca com o fotógrafo como *auteur*; e quanto maior e mais variada a obra de um fotógrafo talentoso, mais ela parece adquirir uma espécie de autoria antes corporativa do que individual. Muitas fotos publicadas pelos maiores nomes da fotografia parecem obras que poderiam ter sido feitas por outros profissionais de talento do mesmo período. É preciso um conceito formal (como as fotos superexpostas à luz de Todd Walker, ou as fotos de sequência narrativa de Duane Michal) ou uma obsessão temática (como o nu masculino em Eakins, ou o velho Sul dos Estados Unidos em Laughlin) para tornar uma obra facilmente identificável. Pois os fotógrafos que não se limitam dessa maneira têm um conjunto de obra sem a mesma integridade que se verifica, no caso de obras igualmente diversificadas, em outras formas de arte. Mesmo nas carreiras com as mais marcadas rupturas de fase e de estilo — pensemos em Picasso, ou em Stravinski —, pode-se perceber a unidade de preocupações que transcende essas rupturas e pode-se ver (retrospectivamente) a relação interna entre uma fase e outra. Conhecendo o conjunto completo da obra, pode-se ver como o mesmo compositor poderia ter composto *A sagração da primavera*, o *Concerto de Dumbarton Oaks* e as obras neoschoenberguianas tardias; reconhecemos a mão de Stravinski em todas essas composições. Mas não existe nenhum traço interno que permita identificar como obra de um fotógrafo individual (na verdade, um dos fotógrafos mais interessantes e originais) aqueles estudos de movimento humano e animal, os documentos trazidos de expedições fotográficas pela América Central, os levantamentos fotográficos do Alasca e do vale Yosemite patrocinados pelo governo, e as séries *Nuvens* e *Árvores*. Mesmo depois de saber que foram todas tiradas por Muybridge, ainda não é possível relacionar essas séries de fotos umas com as outras (embora cada série tenha um estilo coerente e identificável), assim como não se poderia inferir o modo como Atget fotografou árvores a partir do modo como fotografou as vitrines de Paris, ou associar os retratos de judeus do pré-guerra tirados por Roman Vishniac com as microfotografias científicas que ele tirou a partir de 1945. Na fotografia, o assunto sempre prevalece, e assuntos diferentes criam abismos intransponíveis entre um período e outro no vasto corpo de uma obra, confundindo a assinatura.

De fato, a própria presença de um estilo fotográfico coerente — pensemos no fundo branco e na luz sem contraste dos retratos de Avedon, na grisalha típica dos estudos de rua de Paris feitos por Atget — parece indicar um material unificado. E parece caber ao assunto o papel predominante na determinação das preferências do espectador. Mesmo quando as fotos se encontram isoladas do contexto prático em que podem, originalmente, ter sido tiradas e são vistas como obras de arte, preferir uma foto a outra raramente significa apenas que a foto é julgada formalmente superior; quase sempre significa — como em tipos de visão mais informais — que o espectador prefere aquele tipo de estado de ânimo, ou que respeita aquela intenção, ou que está intrigado por aquele assunto (ou sente-se nostálgico em relação a ele). As abordagens formalistas da fotografia não podem dar conta do poder do *que* foi fotografado, nem do modo como a distância no tempo e a distância cultural da foto aumentam nosso interesse.

Porém parece lógico que o gosto fotográfico contemporâneo tenha tomado um rumo amplamente formalista. Embora o status natural ou ingênuo do assunto na fotografia se encontre mais seguro do que em qualquer outra arte representacional, a própria pluralidade das situações em que as fotos são vistas complica e, no fim, enfraquece a primazia do assunto. O conflito de interesse entre objetividade e subjetividade, entre demonstração e suposição, é insolúvel. Embora a autoridade de uma fotografia sempre dependa da relação com um tema (de ser a foto *de* alguma coisa), todas as pretensões da fotografia como arte devem enfatizar a subjetividade da visão. Existe um equívoco no cerne de toda avaliação estética de fotos; e isso explica a crônica atitude defensiva e a extrema mutabilidade do gosto fotográfico.

Por um breve tempo — digamos, de Stieglitz até o reinado de Weston —, pareceu que se havia assentado um ponto de vista sólido para avaliar fotos: luz impecável, habilidade de composição, clareza de tema, precisão de foco, perfeição de qualidade da cópia. Mas essa posição, vista em geral como westoniana — critérios essencialmente técnicos quanto ao que torna uma foto boa —, agora está falida. (O julgamento depreciativo de Weston com relação ao grande Atget como "um técnico fraco" demonstra suas limitações.) Que posição substitui a de Weston? Uma posição muito mais inclusiva, com critérios que deslocam o centro do juízo da foto individual, tida como um objeto acabado, para a foto vista como um exemplo de "visão fotográfica". O que se entende por visão fotográfica dificilmente excluiria a obra de Weston, mas incluiria também um grande número de fotos anônimas, não posadas, toscamente iluminadas, compostas de forma assimétrica, antes desdenhadas por sua falta de composição. A nova posição almeja liberar a fotografia, como arte, dos padrões opressivos da perfeição técnica; liberar a fotografia da beleza, também. Abre a possibilidade de um gosto global, em que nenhum tema (ou ausência de tema), nenhuma técnica (ou ausência de técnica) desqualifica a fotografia.

Embora, em princípio, todos os temas sejam pretextos válidos para exercitar o modo de ver fotográfico, formou-se a convenção de que a visão fotográfica é mais nítida quando se trata de assuntos excêntricos ou triviais. Os temas são escolhidos por serem enfadonhos ou banais. Porque somos indiferentes a eles, revelam melhor a capacidade que a câmera tem de "ver". Quando Irving Penn, conhecido por suas belas fotos de celebridades e de comida para revistas de moda e agências de publicidade, teve montada uma exposição no Museu de Arte Moderna, em 1975, tratava-se de uma série de *closes* de guimbas de cigarros. "Alguém talvez suponha", comentou o diretor do departamento de fotografia do museu, John Szarkowski, "que [Penn] apenas raramente provou um interesse mais do que superficial pelos temas nominais de suas fotos." Escrevendo sobre outro fotógrafo, Szarkowski elogia o que "pode ser extraído de um assunto" que é "profundamente banal". A adoção da fotografia pelo museu está hoje firmemente associada a estes importantes conceitos modernistas: o "tema nominal" e o "profundamente banal". Mas essa abordagem não só reduz a importância do assunto; também afrouxa o laço que une a foto a um fotógrafo individual. O modo fotográfico de ver está longe de ser exaustivamente ilustrado pelas muitas exposições e retrospectivas individuais de fotógrafos promovidas por museus hoje em dia. Para ser legítima como arte, a fotografia deve cultivar a ideia do fotógrafo como *auteur* e de que todas as fotos tiradas pelo mesmo fotógrafo constituem o corpo de uma obra. Tais ideias são mais fáceis de aplicar a certos fotógrafos do que a outros. Parecem mais aplicáveis, digamos, a Man Ray, cujos propósitos e estilo abarcam normas fotográficas e pictóricas, do que a

Steichen, cuja obra inclui abstrações, retratos, anúncios de bens de consumo, fotos de moda e de reconhecimento aéreo (tiradas durante seu serviço militar, nas duas guerras mundiais). Mas os significados que uma foto adquire quando vista como parte do corpo de uma obra individual não são particularmente pertinentes quando o critério é a visão fotográfica. Em lugar disso, tal abordagem deve forçosamente favorecer os novos significados que qualquer foto adquire quando justaposta — em antologias ideais, na parede de museus ou em livros — à obra de outros fotógrafos.

Tais antologias destinam-se a educar o gosto fotográfico em geral; ensinar uma forma de ver que torna equivalentes todos os temas. Quando Szarkowski descreve postos de gasolina, salas vazias e outros temas áridos como "padrões de fatos aleatórios a serviço da imaginação [do fotógrafo]", o que ele quer dizer na verdade é que esses temas são ideais para a câmera. Os critérios ostensivamente formalistas e neutros da visão fotográfica são, na realidade, fortemente judicativos acerca de temas e de estilos. A reavaliação de fotos ingênuas ou fortuitas do século XIX, em especial aquelas tiradas como registros modestos, se deve em parte a seu estilo de foco bem definido — um corretivo pedagógico para o suave foco "pictórico" que, de Cameron a Stieglitz, esteve associado à pretensão da fotografia de se tornar arte. Contudo, as normas da visão fotográfica não implicam um compromisso inalterável com o foco bem definido. Quando se sentiu que a fotografia séria se havia purgado de relações antiquadas com a arte e com a beleza, ela pôde igualmente adaptar-se a um gosto pela fotografia pictórica, pela abstração, por temas nobres, em detrimento de guimbas de cigarros, postos de gasolina e pessoas de costas.

A linguagem em que, em geral, se avaliam fotos é extremamente pobre. Às vezes, é parasitária em relação ao vocabulário da pintura: composição, luz etc. Mais frequentemente, consiste nos tipos mais vagos de julgamento, como quando se elogiam fotos por serem sutis, interessantes, fortes, complexas, simples, ou — uma das favoritas — enganosamente simples.

O motivo por que a linguagem é pobre não é acidental: trata-se da ausência de uma rica tradição de crítica fotográfica. Isso é algo inerente à fotografia, sempre que é vista como arte. A fotografia propõe um processo de imaginação e um apelo ao gosto totalmente distintos daqueles que a pintura propõe (ao menos como é concebida tradicionalmente). De fato, a diferença entre uma foto boa e uma ruim não é, em absoluto, igual à diferença entre uma pintura boa e uma ruim. As normas de avaliação estética elaboradas para a pintura dependem de critérios de autenticidade (e de falsidade), e de perícia técnica — critérios que, para a fotografia, são mais permissivos até ou inexistentes. E enquanto as tarefas de um especialista em pintura invariavelmente supõem a relação orgânica de um quadro com o corpo de uma obra individual, dotado de integridade própria, e com escolas e tradições iconográficas, na fotografia, o vasto corpo de uma obra individual não tem necessariamente uma coerência estilística interna, e a relação de um fotógrafo individual com escolas de fotografia é uma questão muito mais superficial.

Um critério de avaliação que a pintura e a fotografia de fato compartilham é a inovação; tanto pintores como fotógrafos são muitas vezes valorizados porque impõem novos esquemas formais ou mudanças na linguagem visual. Outro critério que podem compartilhar é a faculdade da presença, que Walter Benjamin considerava a característica decisiva da obra de arte. Benjamin pensava que uma foto, por ser um objeto mecanicamente reproduzido, não podia ter uma presença genuína. Contudo, pode-se argumentar que a própria situação que é agora determinante do gosto na fotografia, sua exposição em museus e galerias, revelou que as fotos têm, de fato, uma espécie de autenticidade. Além disso, embora nenhuma foto seja um original no sentido em que sempre é original uma pintura, existe uma grande diferença qualitativa entre o que poderia ser chamado de originais — cópias feitas do negativo original, na época (ou seja, no mesmo momento da evolução tecnológica da fotografia) em que foi tirada a foto — e gerações subsequentes da mesma foto. (O que a maioria das pessoas conhece das fotos famosas — em livros, jornais, revistas etc. — são fotos de fotos; os originais, que só será possível ver em museus ou galerias, proporcionam prazeres visuais que não são reproduzíveis.) O resultado da reprodução mecânica, diz Benjamin, é "pôr a cópia do original em situações fora do alcance do original propriamente dito". Mas, na medida em que se pode dizer que, por exemplo, um Giotto tem uma aura em situação de exposição num museu, onde também foi deslocado de seu contexto original e, como a foto, "faz concessões ao espectador" (no sentido mais estrito da ideia de aura de Benjamin, não o faz), nessa mesma medida também se pode dizer que possui uma aura uma foto de Atget copiada por ele num papel que hoje não se pode mais obter.

A verdadeira diferença entre a aura que pode ter uma foto e a aura de uma pintura repousa na relação diferente com o tempo. A devastação do tempo tende a agir contra as pinturas. Mas parte do interesse incorporado às fotos, e uma fonte importante de seu valor estético, são precisamente as transformações que o tempo opera sobre elas, o modo como as fotos escapam das intenções de seus criadores. Após o tempo necessário, as fotos adquirem de fato uma aura. (A circunstância de as fotos coloridas não envelhecerem como as fotos em preto e branco pode explicar, em parte, o status marginal da cor até muito recentemente, no gosto fotográfico sério. A intimidade fria da cor parece imunizar a foto contra a pátina.) Pois, enquanto pinturas ou poemas não se tornam melhores, mais atraentes, apenas por envelhecer, todas as fotos são interessantes, além de comoventes, se forem velhas o bastante. Não está completamente errado dizer que não existem fotos ruins — apenas fotos menos interessantes, menos relevantes, menos misteriosas. A adoção da fotografia pelo museu só acelera um processo que o tempo trará, de um modo ou de outro: tornar toda obra valiosa.

Nunca é demais destacar o papel do museu na formação do gosto fotográfico contemporâneo. Mais do que arbitrar que fotos são boas e que fotos são ruins, os museus proporcionam condições novas para ver todas elas. Esse processo, que parece criar padrões de avaliação, a rigor abole tais padrões. Não se pode dizer que o museu criou um cânone seguro para a obra fotográfica do passado, como fez no caso da pintura. Mesmo quando parece patrocinar um tipo específico de gosto fotográfico, o museu solapa a própria ideia de gosto normativo. Seu papel consiste em mostrar que *não* existem padrões fixos de avaliação, que *não* existe tradição de obra canônica. Sob os cuidados do museu, a própria ideia de tradição canônica é desmascarada como redundante.

O que mantém a Grande Tradição da fotografia sempre em fluxo, em constante reordenação, não é o fato de ser a fotografia uma arte nova e, portanto, algo insegura — isso faz parte do que é o gosto fotográfico. Existe na fotografia uma sequência mais rápida de redescoberta do que em qualquer outra arte. Ilustrando aquela lei do gosto que recebeu de T. S. Eliot sua formulação definitiva, segundo a qual toda nova obra importante altera necessariamente nossa percepção da herança do passado, fotos novas modificam a maneira como vemos as fotos do passado. (Por exemplo, a obra de Arbus tornou mais fácil apreciar a grandeza da obra de Hine, outro fotógrafo dedicado a retratar a opaca dignidade das vítimas.) Mas as oscilações do gosto fotográfico contemporâneo não refletem apenas esses processos coerentes e sequenciais de reavaliação, em que o semelhante realça o semelhante. O que expressam, mais comumente, é o valor complementar e equivalente de estilos e temas antitéticos.

Durante várias décadas, a fotografia americana foi dominada por uma reação contra o "westonismo" — ou seja, contra a fotografia contemplativa, a fotografia considerada como uma independente exploração visual do mundo, sem nenhum apelo social flagrante. A perfeição técnica das fotos de Weston, as belezas calculadas de White e Siskind, as construções poéticas de Fredrick Sommer, as ironias presunçosas de Cartier-Bresson — tudo isso foi contestado pela fotografia que, ao menos em termos programáticos, é mais ingênua, mais direta; ou seja, hesitante e mesmo canhestra. Mas o gosto na fotografia não é tão linear assim. Sem qualquer enfraquecimento dos compromissos atuais com a fotografia informal e com a fotografia como documento social, ocorre agora uma perceptível recuperação de Weston — como se, após a passagem de um tempo suficiente, a obra de Weston não mais parecesse atemporal; como se, em virtude da definição bem mais ampla de ingenuidade com que opera o gosto fotográfico, a obra de Weston também parecesse ingênua.

Por fim, não existe razão para excluir nenhum fotógrafo do cânone. Neste exato momento, há minirrecuperações de pictóricos por muito tempo desprezados, de uma outra era, como Oscar Gustav Rejlander, Henry Peach Robinson e Robert Demachy. Uma vez que a fotografia toma o mundo inteiro como seu tema, existe espaço para todo tipo de gosto. O gosto literário exclui: o sucesso do movimento modernista na poesia elevou Donne e rebaixou Dryden. Na literatura, pode-se ser eclético até certo ponto, mas não se pode gostar de tudo. Na fotografia, o ecletismo não tem limite. As fotos corriqueiras tiradas na década de 1870 de crianças abandonadas acolhidas em uma instituição de caridade em Londres chamada Doctor Barnardo's Home (tiradas como "registros") são tão comoventes quanto os complexos retratos tirados por David Octavius

Hill, de pessoas ilustres da Escócia na década de 1840 (tidos como "arte"). O olhar limpo do estilo moderno clássico de Weston não é refutado, digamos, pela recente e engenhosa recuperação do embaçamento pictórico por Benno Friedman.

Não se deve negar que cada espectador gosta da obra de certos fotógrafos mais que da obra de outros: por exemplo, a maioria dos espectadores experientes, hoje, prefere Atget a Weston. Na verdade, isso significa que, pela natureza da fotografia, a pessoa não é de fato obrigada a escolher; e que preferências desse tipo são, em sua maioria, meramente reativas. O gosto na fotografia tende a ser, talvez necessariamente, global, eclético, permissivo, o que significa que, no fim, deve negar a diferença entre bom gosto e mau gosto. É isso o que faz parecer ingênua ou ignorante toda tentativa dos polemistas da fotografia de erigir um cânone. Pois existe algo falso em todas as controvérsias fotográficas — e as atenções do museu desempenharam um papel crucial em tornar isso claro. O museu nivela por cima todas as escolas de fotografia. A rigor, faz pouco sentido até falar em escolas. Na história da pintura, os movimentos têm vida e função genuínas: os pintores, não raro, são muito mais bem compreendidos em termos da escola ou do movimento a que pertenceram. Mas os movimentos na história da fotografia são efêmeros, adventícios, por vezes meramente perfunctórios, e nenhum fotógrafo de primeira classe é mais bem compreendido como membro de um grupo. (Pensemos em Stieglitz e a Photo-Secession, Weston e a ƒ64, Renger-Patzsch e a Nova Objetividade, Walker Evans e o projeto da Secretaria de Segurança no Trabalho Rural, Cartier-Bresson e a Magnum.) Agrupar fotógrafos em escolas ou em movimentos parece um tipo de mal-entendido, que (mais uma vez) tem por base a irreprimível, mas invariável, analogia enganosa entre fotografia e pintura.

O papel predominante hoje desempenhado pelos museus na formação e no esclarecimento da natureza do gosto fotográfico parece assinalar um novo estágio, do qual a fotografia não pode retornar. De par com seu respeito tendencioso pelo profundamente banal está a difusão de uma visão historicista gerada pelo museu, visão que promove inexoravelmente toda a história da fotografia. Não admira que os críticos fotográficos e os fotógrafos se mostrem preocupados. Subjacente a muitas defesas recentes da fotografia, encontra-se o temor de que ela já seja uma arte senil, desagregada em movimentos espúrios ou mortos; que as únicas tarefas que restam seja curadoria e historiografia. (Enquanto os preços de fotos velhas e novas chegam à estratosfera.) Não surpreende que essa desmoralização seja sentida no momento da máxima aceitação da fotografia, pois a verdadeira amplitude do triunfo da fotografia como arte, e de seu triunfo sobre a arte, não foi de fato compreendida.

A fotografia entrou em cena como uma atividade arrogante, que parecia ultrapassar e rebaixar uma arte estabelecida: a pintura. Para Baudelaire, a fotografia era "inimiga mortal" da pintura; mas, no fim, elaborou-se uma trégua, segundo a qual a fotografia era tida como libertadora da pintura. Weston empregou a fórmula mais comum que existe para atenuar o ânimo defensivo dos pintores quando, em 1930, escreveu: "A fotografia negou, ou virá a negar, mais cedo ou mais tarde, boa parte da pintura — pelo que os pintores deveriam ser muito gratos". Libertada, pela fotografia, da cansativa faina da representação fiel, a pintura pôde partir no encalço de uma tarefa mais elevada: a abstração.* De fato, a ideia mais persistente nas histórias da fotografia e na crítica fotográfica é o pacto mítico selado entre pintura e fotografia, que autorizou

---

* Valéry afirmou que a fotografia prestou o mesmo serviço à escrita, ao pôr a nu a pretensão "ilusória" da língua de "comunicar a ideia de um objeto visual com algum grau de precisão". Mas os escritores não deviam temer que a fotografia

ambas a perseguir tarefas distintas mas igualmente válidas, ao mesmo tempo que influenciavam criativamente uma à outra. Na verdade, a lenda falsifica boa parte da história da pintura e da fotografia. O modo como a câmera fixava a aparência do mundo exterior sugeriu novos padrões de composição pictórica e novos temas para os pintores: criar uma preferência pelo fragmento, realçar o interesse por lampejos da vida humilde e por estudos de movimentos fugazes e dos efeitos da luz. A pintura, mais do que se

---

"pudesse, em última instância, restringir a importância da arte da escrita e agir como seu substituto", diz Valéry, em "O centenário da fotografia" (1929). Se a fotografia "nos desestimula a descrever", argumenta ele,

> somos assim lembrados dos limites da língua e advertidos, como escritores, a dar a nossos instrumentos um uso mais adequado à sua verdadeira natureza. Uma literatura se purificaria caso deixasse a outras modalidades de expressão e de produção as tarefas que elas podem executar de modo muito mais eficaz, e se dedicasse a fins que só ela pode levar a bom termo [...] um dos quais [é] o aprimoramento da linguagem que constrói ou expõe o pensamento abstrato, e outro, a exploração de toda a diversidade de padrões e de ressonâncias poéticas.

A argumentação de Valéry não é convincente. Embora se possa dizer que uma foto registra ou mostra o presente, ela nem sempre "descreve", propriamente falando; só a língua descreve, pois é um evento no tempo. Valéry sugere, como "prova" da sua tese, abrir um passaporte: "a descrição aí anotada não resiste a uma comparação com a foto grampeada a seu lado". Mas isso é usar a descrição em seu sentido mais degradado, empobrecido; há trechos em Dickens e Nabokov que descrevem um rosto ou uma parte do corpo melhor do que qualquer foto. A tese do poder descritivo inferior da literatura não se demonstra tampouco ao se dizer, como faz Valéry, que "o escritor que retrata uma paisagem ou um rosto, por mais hábil que seja em seu ofício, sugerirá tantas visões diferentes quantos forem seus leitores". O mesmo vale para uma foto.

Assim como se considera que a foto libertou os escritores da obrigação de descrever, muitas vezes se considera que o cinema usurpou do romancista a tarefa de narrar ou de contar uma história — e assim, preconizam alguns, libertou o romance para outras tarefas, menos realistas. Essa versão da tese é mais plausível porque o cinema é uma arte temporal. Mas não faz justiça à relação existente entre os romances e os filmes.

voltar para a abstração, adotou o olho da câmera, tornando-se (para empregar as palavras de Mario Praz) telescópica, microscópica e fotoscópica em sua estrutura. Mas os pintores jamais pararam de tentar imitar os efeitos realistas da fotografia. E, longe de restringir-se a representações realistas e deixar a abstração ao encargo dos pintores, a fotografia manteve-se em dia com todas as conquistas antinaturalistas da pintura e as absorveu.

Em termos mais gerais, essa lenda não leva em conta a voracidade da atividade fotográfica. Nas negociações entre fotografia e pintura, a fotografia sempre levou vantagem. Nada há de surpreendente no fato de os pintores, de Delacroix e Turner a Picasso e Bacon, terem usado fotos como subsídios visuais, mas ninguém espera que os fotógrafos recebam auxílio da pintura. As fotos podem ser incorporadas ou transcritas numa pintura (ou numa colagem, ou numa combinação de ambas), mas a fotografia enclausura a própria arte. A experiência de ver pinturas pode ajudar-nos a ver melhor as fotos. Mas a fotografia enfraqueceu nossa experiência da pintura. (Em mais de um sentido, Baudelaire tinha razão.) Ninguém jamais encontrou uma litografia ou uma gravura — métodos populares mais antigos de reprodução mecânica — de uma pintura que fosse mais satisfatória ou mais estimulante do que a própria pintura. Mas fotos, que transformam detalhes interessantes em composições autônomas, que transformam cores naturais em cores fulgurantes, proporcionam satisfações novas e irresistíveis. O destino da fotografia levou-a muito além do papel ao qual se supôs, de início, que ela estivesse restrita: fornecer informações mais acuradas sobre a realidade (inclusive sobre obras de arte). A fotografia é a realidade; o objeto real é, não raro, experimentado como uma decepção. As fotos tornam normativa uma experiência de arte que é mediada, de segunda mão, intensa de um modo diferente. (Lamentar que, para muitas pessoas, fotos de pinturas tenham se tornado substitutos de pinturas não significa apoiar nenhuma mística do "original" que se apresenta ao espectador sem mediação. Ver é um ato complexo e nenhuma grande pintura comunica seu valor e sua excelência sem alguma forma de preparação e instrução. Além disso, as pessoas que ficam desapontadas diante do original de uma obra de arte depois de vê-la em uma cópia fotográfica são, em geral, pessoas que teriam visto muito pouco no original.)

Uma vez que muitas obras de arte (incluindo as fotos) são, hoje, conhecidas por meio de cópias fotográficas, a fotografia — e as atividades de arte derivadas do modelo da fotografia, e o estilo de gosto derivado do gosto fotográfico — transformou de modo decisivo as belas-artes tradicionais e as normas de gosto tradicionais, inclusive a própria ideia de obra de arte. A obra de arte depende cada vez menos de ser um objeto único, um original feito por um artista individual. Grande parte da pintura hoje em dia aspira aos predicados dos objetos reproduzíveis. Por fim, as fotos tornaram-se a tal ponto a experiência visual predominante que agora temos obras de arte produzidas a fim de ser fotografadas. Em boa parte da arte conceitual, no empacotamento das paisagens por Christo, nos aterros de Walter De Maria e Robert Smithson, a obra do artista é conhecida sobretudo pela reportagem fotográfica exposta em galerias e museus; por vezes, o tamanho é tal que ela *só* pode ser conhecida mediante uma foto (ou vista de um avião). A foto não se destina, e isso de modo ostensivo, a levar-nos de volta a uma experiência original.

Com base nessa suposta trégua entre a fotografia e a pintura, a fotografia foi — primeiro, de má vontade, depois, com entusiasmo — reconhecida como uma bela-arte. Mas a própria questão de ser ou não a fotografia uma arte é essencialmente enganosa. Embora gere obras que podem ser chamadas de arte — requerem subjetividade, podem mentir, proporcionam prazer estético —, a fotografia não é, antes de tudo, uma forma de arte. Como a língua, é um meio em que as obras de arte (entre outras coisas) são feitas. Com a língua, podem-se fazer discursos científicos, memorandos burocráticos, cartas de amor, listas de compras no mercado e a Paris de Balzac. Com a fotografia, podem-se fazer fotos de passaporte, fotos meteorológicas, fotos pornográficas, raios X, fotos de casamento e a Paris de Atget. A fotografia não é uma arte como, digamos, a pintura e a poesia. Embora as atividades de certos fotógrafos se adaptem à ideia tradicional de bela-arte, a atividade de indivíduos excepcionalmente talentosos que produzem objetos específicos dotados de um valor próprio, a fotografia desde o início também se prestou a essa ideia de arte que afirma que a arte está obsoleta. O poder da fotografia — e seu papel central nas preocupações estéticas atuais — reside em que ela confirma ambas as ideias de arte. Mas o modo como a fotografia torna a arte obsoleta é, a longo prazo, mais forte.

A pintura e a fotografia não são dois sistemas potencialmente competitivos para produzir e reproduzir imagens, circunstância em que bastaria chegar a uma adequada divisão de territórios para conciliá-las. A fotografia é uma atividade de outra ordem. A fotografia, conquanto não seja uma forma de arte em si mesma, tem a faculdade peculiar de transformar todos os seus temas em obras de arte. Mais importante do que a questão de ser ou a não a fotografia uma arte é o fato de que ela anuncia (e cria) ambições novas para a arte. É o protótipo da direção característica assumida em nosso tempo pela alta arte modernista e também pela arte comercial: a transformação da arte em meta-arte ou mídia. (Invenções como o cinema, a televisão, o vídeo, a música de Cage, Stockhausen e Steve Reich executada em fita gravada são extensões lógicas do modelo estabelecido pela fotografia.) As belas-artes tradicionais são elitistas: sua forma característica é uma obra singular, produzida por um indivíduo; implicam uma hierarquia de temas em que alguns deles são tidos como importantes, profundos, nobres, e outros, como irrelevantes, triviais, rasteiros. As mídias são democráticas: enfraquecem o papel do produtor especializado ou *auteur* (por usar processos que têm por base o acaso, ou técnicas mecânicas que qualquer pessoa pode aprender; e por constituírem esforços em conjunto ou em associação); encaram o mundo todo como sua matéria. As belas-artes tradicionais apoiam-se na distinção entre autêntico e falso, entre original e cópia, entre bom gosto e mau gosto; as mídias turvam, quando não abolem de todo, tais distinções. As belas-artes supõem que determinadas experiências ou temas têm um significado. As mídias são essencialmente sem conteúdo (esta é a verdade por trás da célebre afirmação de Marshall McLuhan de que a mensagem é o próprio meio); seu tom característico é irônico, ou indiferente, ou parodístico. É inevitável que a arte esteja, cada vez mais, destinada a terminar como fotos. Um modernista teria de reescrever a máxima de Pater de que toda arte aspira à condição da música. Hoje, toda arte aspira à condição da fotografia.

O MUNDO-IMAGEM

A realidade sempre foi interpretada por meio das informações fornecidas pelas imagens; e os filósofos, desde Platão, tentaram dirimir nossa dependência das imagens ao evocar o padrão de um modo de apreender o real sem usar imagens. Mas quando, em meados do século XIX, o padrão parecia estar, afinal, ao nosso alcance, o recuo das antigas ilusões religiosas e políticas em face da investida do pensamento científico e humanístico não criou — como se previra — deserções em massa em favor do real. Ao contrário, a nova era da descrença reforçou a lealdade às imagens. A crença que não podia mais ser concedida a realidades compreendidas *na forma de imagens* passou a ser concedida a realidades compreendidas *como se fossem* imagens, ilusões. No prefácio à segunda edição (1843) de *A essência do cristianismo*, Feuerbach observa a respeito da "nossa era" que ela "prefere a imagem à coisa, a cópia ao original, a representação à realidade, a aparência ao ser" — ao mesmo tempo que tem perfeita consciência disso. E seu lamento premonitório transformou-se, no século XX, num diagnóstico amplamente aceito: uma sociedade se torna "moderna" quando uma de suas atividades principais consiste em produzir e consumir imagens, quando imagens que têm poderes excepcionais para determinar nossas necessidades em relação à realidade e são, elas mesmas, cobiçados substitutos da experiência em primeira mão se tornam indispensáveis para a saúde da economia, para a estabilidade do corpo social e para a busca da felicidade privada.

As palavras de Feuerbach — que as escreveu poucos anos após a invenção da câmera — parecem, mais especificamente, um pressentimento do impacto da fotografia. Pois as imagens que desfrutam uma autoridade quase ilimitada em uma sociedade moderna são sobretudo imagens fotográficas; e o alcance dessa autoridade decorre das propriedades peculiares das imagens tiradas por câmeras.

Tais imagens são de fato capazes de usurpar a realidade porque, antes de tudo, uma foto não é apenas uma imagem (como uma pintura é uma imagem), uma interpretação do real; é também um vestígio, algo diretamente decalcado do real, como uma pegada ou uma máscara mortuária. Enquanto uma pintura, mesmo quando se equipara aos padrões fotográficos de semelhança, nunca é mais do que a manifestação de uma interpretação, uma foto nunca é menos do que o registro de uma emanação (ondas de luz refletidas pelos objetos) — um vestígio material de seu tema, de um modo que nenhuma pintura pode ser. Entre duas fantasias alternativas, a de que Holbein, o Jovem, tivesse vivido o bastante para pintar um retrato de Shakespeare ou a de que um protótipo da câmera tivesse sido inventado a tempo de fotografá-lo, a maioria dos bardólatras teria escolhido a foto. Não só porque ela, supostamente, mostraria a aparência real de Shakespeare, pois mesmo se a foto hipotética ficasse desbotada, quase indistinta, uma sombra marrom, ainda assim preferiríamos, provavelmente, a foto a mais um esplêndido quadro de Holbein. Ter uma foto de Shakespeare seria como ter um prego da Santa Cruz.

A maioria das expressões contemporâneas de preocupação quanto à possibilidade de um mundo-imagem estar tomando o lugar do mundo real continua a fazer eco, como no caso de Feuerbach, ao menosprezo platônico da imagem: verdadeira na medida em que se assemelha a algo real, falsa porque não passa de uma semelhança. Mas esse venerável realismo ingênuo é um tanto irrelevante na era das imagens fotográficas, pois seu contraste grosseiro entre a imagem ("cópia") e a coisa retratada (o "original") — que Platão ilustra repetidas vezes com o exemplo da pintura — não se adapta à foto de um modo tão simples. Tampouco o contraste ajuda a compreender a criação das imagens em suas origens, quando se tratava de uma atividade prática, mágica, um meio de ganhar ou de apropriar-se do poder sobre algo. Quanto mais retrocedermos na história, como observou E. H. Gombrich, menos nítida será a distinção entre imagens e coisas reais; nas sociedades primitivas, a coisa e sua imagem eram apenas duas manifestações diferentes, ou seja, fisicamente distintas, da mesma energia do espírito. Daí advém a suposta eficácia das imagens para propiciar e ganhar controle sobre presenças poderosas. Esses poderes, essas presenças, estavam presentes *nelas*.

Para os defensores do real, desde Platão até Feuerbach, equiparar a imagem à mera aparência — ou seja, supor que a imagem é absolutamente distinta do objeto retratado — faz parte do processo de dessacralização que nos separa de modo irrevogável do mundo dos tempos e dos lugares sagrados em que se acreditava que uma imagem participava da realidade do objeto retratado. O que define a originalidade da fotografia é que, no exato momento em que o secularismo triunfou por completo na longa, e crescentemente secular, história da pintura, algo semelhante ao status primitivo das imagens renasce — ainda que em termos inteiramente seculares. Nosso sentimento irreprimível de que o processo fotográfico é algo mágico tem uma base genuína. Ninguém supõe que uma pintura de cavalete seja, em nenhum sentido, cossubstancial a seu objeto; ela somente representa ou alude. Mas uma foto não é apenas semelhante a seu tema, uma homenagem a seu tema. Ela é uma parte e uma extensão daquele tema; e um meio poderoso de adquiri-lo, de ganhar controle sobre ele.

A fotografia é, de várias maneiras, uma aquisição. Em sua forma mais simples, temos numa foto uma posse vicária de uma pessoa ou de uma coisa querida, uma posse que dá às fotos um pouco do caráter próprio dos objetos únicos. Por meio das fotos, temos também uma relação de consumidores com os eventos, tanto com os eventos que fazem parte de nossa experiência como com aqueles que dela não fazem parte — uma distinção de tipos de experiência que tal consumo de efeito viciante vem turvar. Uma terceira forma de aquisição é que, mediante máquinas que criam imagens e duplicam imagens, podemos adquirir algo como informação (e não como experiência). De fato, a importância das imagens fotográficas como o meio pelo qual cada vez mais eventos entram em nossa experiência é, por fim, apenas um resultado de sua eficiência para fornecer conhecimento dissociado da experiência e dela independente.

Essa é a forma mais inclusiva de aquisição fotográfica. Quando algo é fotografado, torna-se parte de um sistema de informação, adapta-se a esquemas de classificação e de armazenagem que abrangem desde a ordem cruamente cronológica de sequências de instantâneos colados em álbuns de família até o acúmulo obstinado e o arquivamento meticuloso necessários para usar a fotografia na previsão do tempo, na astronomia, na microbiologia, na geologia, na polícia, na formação médica e nos diagnósticos, no reconhecimento militar e na história da arte. As fotos fazem mais do que redefinir a natureza da experiência comum (gente, coisas, fatos, tudo o que vemos — embora de forma diferente e, não raro, desatenta — com a visão natural) e acrescentar uma vasta quantidade de materiais que nunca chegamos a ver. A realidade como tal é redefinida — como uma peça para exposição, como um registro para ser examinado, como um alvo para ser vigiado. A exploração e a duplicação fotográficas do mundo fragmentam continuidades e distribuem os pedaços em um dossiê interminável, propiciando dessa forma possibilidades de controle que não poderiam sequer ser sonhadas sob o anterior sistema de registro de informações: a escrita.

Quando tais poderes ainda se encontravam em sua infância, já se admitia que o registro fotográfico é sempre, potencialmente, um meio de controle. Em 1850, Delacroix anotou em seu *Diário* o sucesso de certas "experiências em fotografia", feitas em Cambridge, onde astrônomos fotografavam o Sol e a Lua e haviam conseguido obter uma cópia da estrela Vega do tamanho da cabeça de um alfinete. Acrescentou a seguinte observação "curiosa":

> Uma vez que a luz da estrela daguerreotipada levou vinte anos para atravessar o espaço que a separa da Terra, em consequência o raio fixado na chapa partiu da esfera celeste muito tempo antes de Daguerre ter descoberto o processo por meio do qual acabamos de adquirir controle sobre essa luz.

Deixando de lado noções triviais de controle como as de Delacroix, o progresso da fotografia tornou ainda mais literal o sentido em que uma foto permite o controle sobre a coisa fotografada. A tecnologia que já minimizou o efeito da distância entre o fotógrafo e seu tema no tocante à precisão e à magnitude da imagem; proporcionou meios de fotografar coisas inimaginavelmente pequenas, bem como inimaginavelmente distantes, como as estrelas; tornou o ato de tirar fotos independente da própria luz (fotografia infravermelha) e libertou a imagem-objeto de seu confinamento a duas dimensões (holografia); reduziu o intervalo entre tirar a foto e poder segurá-la nas mãos (desde a primeira Kodak, quando revelar um rolo de filme e devolvê-lo às mãos do fotógrafo amador demorava semanas, até a Polaroid, que ejeta a imagem em poucos segundos); não só pôs as imagens em movimento (cinema), mas também conseguiu seu registro e sua transmissão simultâneos (vídeo) — essa tecnologia tornou a fotografia um instrumento incomparável para interpretar o comportamento, prevê-lo e nele interferir.

A fotografia tem poderes que nenhum outro sistema de imagem jamais desfrutou porque, à diferença dos anteriores, ela *não* é dependente de um criador de imagens. Por mais cuidadosamente que o fotógrafo intervenha para preparar e orientar o processo de criação de imagem, o próprio processo permanece como um processo óptico-químico (ou eletrônico), cujas operações são automáticas, cujos mecanismos serão inevitavelmente modificados a fim de proporcionar mapas do real ainda mais detalhados e, por conseguinte, mais úteis. A gênese mecânica dessas imagens e a eficiência dos poderes que elas conferem redundam numa nova relação entre imagem e realidade. E se também se pode dizer que a fotografia restabelece a mais primitiva forma de relação — a identidade parcial entre imagem e objeto —, agora experimentamos a potência da imagem de um modo muito diferente. A noção primitiva de eficácia das imagens supõe que as imagens possuem os predicados das coisas reais, mas nossa tendência é atribuir a coisas reais os predicados de uma imagem.

Como todos sabem, pessoas de povos primitivos temem que a câmera roube uma parte de seu ser. Nas suas memórias, publicadas em 1900, ao fim de uma vida muito longa, Nadar conta que Balzac tinha um tipo semelhante de "pavor vago" de ser fotografado. Sua explicação, segundo Nadar, era que

> todo corpo, em seu estado natural, era feito de uma série de imagens fantasmáticas sobrepostas numa infinidade de camadas, revestidas por películas infinitesimais. [...] Uma vez que o homem nunca foi capaz de criar, ou seja, de fazer algo material a partir de uma aparição, de algo impalpável, ou de fazer um objeto a partir do nada — qualquer operação daguerriana, por conseguinte, havia de se apoderar de uma das camadas do corpo que tinha em foco, destacá-la e usá-la.

Parece apropriada a Balzac essa modalidade de perturbação — "Era verdadeiro ou fingido o temor do daguerreótipo que Balzac dizia ter?", pergunta Nadar. "Era verdadeiro" — uma vez que o processo da fotografia é, por assim dizer, uma materialização do que havia de mais original em seu método de romancista. A operação balzaquiana consistia em ampliar pequenos detalhes, como numa ampliação fotográfica, justapor traços ou elementos incongruentes, como numa exposição fotográfica: dessa maneira, qualquer coisa se torna expressiva e pode ser associada a qualquer coisa. Para Balzac, o espírito de todo um ambiente podia ser revelado por um único detalhe material, por mais insignificante ou arbitrário que parecesse. O conjunto de uma vida pode estar resumido em uma aparência momentânea.* E uma mudança de aparência é uma

---

* Estou me pautando na exposição do realismo de Balzac feita por Auerbach em *Mimesis*. A passagem em que Auerbach analisa o início de *Père Goriot* (1834) — Balzac descreve a sala de jantar da pensão Vauquer às sete horas da manhã e a entrada de Madame Vauquer — dificilmente poderia ser mais explícita (ou protoproustiana). "Toda a sua pessoa", escreve Balzac, "explica a pensão, assim como a pensão implica a sua pessoa. [...] o *embonpoint* da mulher corada e de baixa estatura é produto da vida aqui, assim como o tifo é a consequência das emanações de um hospital. Sua anágua de lã tricotada, mais comprida do que a saia que

mudança na pessoa, pois ele não admitia abrigar qualquer pessoa "real" oculta atrás dessas aparências. A extravagante teoria de Balzac, expressada a Nadar, de que o corpo é composto de uma série infinita de "imagens fantasmáticas", estabelece um misterioso paralelo com a teoria supostamente realista, expressada em seus romances, de que uma pessoa é um conjunto de aparências, as quais podem revelar, mediante um foco adequado, infinitas camadas de significação. Ver a realidade como um conjunto interminável de situações que se espelham mutuamente, extrair analogias das coisas mais díspares, é antecipar a forma característica da percepção estimulada pelas imagens fotográficas. A própria realidade passou a ser entendida como um tipo de escrita, que tem de ser decodificada — enquanto as próprias imagens fotográficas foram, a princípio, comparadas à escrita. (O nome dado por Niepce ao processo pelo qual a imagem aparece na chapa era heliografia, escrita do Sol; Fox Talbot chamava a câmera de "caneta da natureza".)

O problema no contraste feito por Feuerbach entre "original" e "cópia" são suas definições estáticas de realidade e de imagem. Ele supunha que o real persistia, intacto e sem alterações, ao passo que só as imagens mudavam: escoradas pelas mais frouxas exigências de credibilidade, elas de algum modo se tornavam mais sedutoras. Mas as noções de imagem e de realidade são complementares. Quando a noção de realidade muda, o mesmo ocorre com a noção de imagem, e vice-versa. "Nossa era" não prefere imagens a coisas reais por insensatez, mas, em parte, em reação às maneiras como a noção do que é real progressivamente se complicou e se enfraqueceu, e uma das primeiras maneiras,

---

veste por cima (feita de um vestido velho), cujo enchimento escapa pelos rombos no tecido roto, sintetiza a sala de visitas, a sala de jantar, o pequeno jardim, anuncia a culinária e dá uma ideia dos pensionistas. Quando ela está ali, o espetáculo é completo."

surgida nas classes médias esclarecidas no século XIX, foi a crítica da realidade como uma fachada. (Claro, isso era o exato contrário do efeito pretendido.) Reduzir grandes porções do que, até então, fora visto como real a mera fantasia, como fez Feuerbach quando chamou a religião de "o sonho da mente humana" e desdenhou as ideias teológicas como projeções psicológicas; ou elevar os detalhes aleatórios ou triviais da vida cotidiana a sinais de forças históricas e psicológicas ocultas, como fez Balzac em sua enciclopédia da realidade social em forma de romance — esses são meios de experimentar a realidade como um conjunto de aparências, como uma imagem.

Poucas pessoas nesta sociedade compartilham o pavor primitivo das câmeras que decorre de pensar a foto como uma parte material delas mesmas. Mas algum vestígio da magia perdura: por exemplo, nossa relutância a rasgar ou jogar fora a foto de uma pessoa amada, sobretudo quando morta ou distante. Fazer isso é um gesto cruel de rejeição. Em *Judas o obscuro*, a descoberta de Judas de que Arabella vendeu a moldura feita de bordo com uma foto dele mesmo que Judas lhe dera no dia do casamento deles significa, para ele, "a morte completa de todo sentimento em sua esposa" e "o golpe definitivo para lançar por terra todo e qualquer sentimento que nele houvesse". Mas o verdadeiro primitivismo moderno não consiste em ver a imagem como uma coisa real; imagens fotográficas dificilmente são tão reais assim. Em vez disso, a realidade passou cada vez mais a se parecer com aquilo que as câmeras nos mostram. É comum, agora, que as pessoas, ao se referirem a sua experiência de um fato violento em que se viram envolvidas — um desastre de avião, um tiroteio, um atentado terrorista —, insistam em dizer que "parecia um filme". Isso é dito a fim de explicar como foi real, pois outras qualificações se mostram insuficientes. Enquanto muitas pessoas, em países não industrializados, ainda se sentem apreensivas ao ser fotografadas, suspeitando tratar-se de algum tipo de transgressão, um ato de desrespeito, um saque sublimado da personalidade ou da cultura, as pessoas de países industrializados procuram ser fotografadas — sentem que são imagens e que as fotos as tornam reais.

Um sentido do real decididamente mais complexo cria seus próprios fervores e simplificações compensatórios, entre os quais o mais viciante é tirar fotos. É como se os fotógrafos, em reação a um sentido de realidade cada vez mais esvaziado, procurassem uma transfusão — viajar para novas experiências, revigorar as antigas. Suas atividades ubíquas redundam na mais radical, e mais segura, versão da mobilidade. A premência de novas experiências se traduz na premência de tirar fotos: a experiência em busca de um modelo à prova de crises.

Assim como tirar fotos parece quase obrigatório para aqueles que viajam, a paixão de colecioná-las tem um apelo especial para os que se acham confinados — por opção, incapacidade ou coerção. As coleções de fotos podem ser usadas para criar um mundo substituto, em harmonia com imagens enaltecedoras, consoladoras ou provocantes. Uma foto pode ser o ponto de partida de um romance (o Judas de Hardy já se apaixonara pela foto de Sue Bridehead antes de conhecê-la pessoalmente), mas é mais comum que uma relação erótica seja não só criada por fotos mas entendida como limitada a fotos. Em *Les enfants terribles*, de Cocteau, o irmão e a irmã narcisistas partilham a cama, seu "quarto secreto", com imagens de boxeadores, astros do cinema e assassinos. Isolando-se em seu covil para viver sua lenda particular, os dois adolescentes guardam essas fotos, um panteão privado. Numa parede da cela 46 na prisão de Fresnes no início da década de 1940, Jean Genet colou as fotos de vinte criminosos que ele havia recortado de jornais, vinte rostos em que discernia "o sinal sagrado do monstro", e em sua honra escreveu *Nossa Senhora das Flores*; eles lhe serviram de musas, modelos, talismãs eróticos. "Eles velam minhas pequenas rotinas", escreve Genet — devaneios fluidos, masturbação e escrever —, e "são a única família que tenho e meus únicos amigos". Para os que ficam em casa, os prisioneiros e os que confinam a si mesmos, viver entre fotos de estranhos glamourosos é uma reação sentimental ao isolamento e um desafio insolente que a ele dirigem.

O romance *Crash* (1973), de J. G. Ballard, descreve uma coleção de fotos mais especializada, a serviço de uma obsessão sexual: fotos de acidentes de carro que Vaughan, amigo do narrador, coleciona enquanto prepara a própria morte em um acidente de carro. A realização de sua visão erótica da morte num automóvel é antegozada, e a própria fantasia é ainda mais erotizada mediante o exame atento e repetido dessas fotos. Numa ponta do espectro, as fotos são dados objetivos; na outra, são elementos de ficção científica psicológica. E assim como se pode localizar um imperativo sexual mesmo na mais assustadora, ou aparentemente neutra, realidade, também a foto-documento mais banal pode transformar-se num emblema do desejo. A foto do criminoso é uma pista para o detetive e um fetiche erótico para um colega ladrão. Para Hofrat Behrens, em *A montanha mágica*, os raios X dos pulmões de seus pacientes são instrumentos para o diagnóstico. Para Hans Castorp, que cumpre uma sentença por tempo indeterminado no sanatório de tuberculosos de Behren e caiu de amores pela enigmática e inatingível Clavdia Chauchat, "o raio X de Clavdia, que mostra não seu rosto mas a delicada estrutura óssea da parte superior de seu corpo e os órgãos da cavidade torácica, cercados pelo pálido e espectral invólucro de carne", é o mais precioso dos troféus. O "retrato transparente" é um vestígio muito mais íntimo de sua amada do que a pintura de Clavdia que Hofrat possui, esse "retrato exterior", que Hans certa vez contemplou com tamanho desejo.

Fotos são um meio de aprisionar a realidade, entendida como recalcitrante, inacessível; de fazê-la parar. Ou ampliam a realidade, tida por encurtada, esvaziada, perecível, remota. Não se pode possuir a realidade, mas pode-se possuir imagens (e ser possuído por elas) — assim como, segundo Proust, o mais ambicioso dos prisioneiros voluntários, não se pode possuir o presente, mas pode-se possuir o passado. Nada poderia ser mais discrepante da faina autossacrificante de um artista como Proust do que a falta de esforço presente no ato de tirar fotos, provavelmente a única atividade capaz de criar obras de arte respeitadas na qual um simples movimento, um toque do dedo, produz uma obra completa. Enquanto a faina proustiana supõe que a realidade esteja distante, a fotografia subentende um acesso instantâneo ao real. Mas os resultados dessa prática de acesso instantâneo são outro modo de criar distância. Possuir o mundo na forma de imagens é, precisamente, reexperimentar a irrealidade e o caráter distante do real.

A estratégia do realismo de Proust presume a distância daquilo que é normalmente experimentado como real, o presente, a fim de reanimar aquilo que em geral se pode alcançar apenas de forma remota e nebulosa, o passado — que é onde o presente se torna real no sentido de Proust, ou seja, algo que pode ser possuído. Nesse esforço, fotos não ajudavam em nada. Toda vez que Proust menciona fotos, o faz de modo depreciativo: como sinônimo de uma relação superficial com o passado, exclusiva e excessivamente visual, e meramente voluntária, cujo resultado é insignificante quando comparado com as profundas descobertas a ser feitas ao reagir às sugestões oriundas de todos os sentidos — a técnica que ele chamou de "memória involuntária". É inadmissível imaginar que no fim do preâmbulo de *No caminho de Swan* o narrador se visse diante de uma foto da igreja paroquial de Combray, e que o sabor *dessa* migalha visual, em vez do gosto da humilde *madeleine* embebida no chá, erguesse diante de seus olhos toda uma parte de seu passado. Mas a razão para tal não está na incapacidade de uma foto de evocar memórias (ela é capaz disso, dependendo antes dos predicados do espectador do que da foto), mas sim naquilo que Proust esclarece acerca de suas próprias exigências no que se refere à recordação imaginativa, ou seja, que ela não se mostre apenas ampla e acurada mas dê a textura e a essência das coisas. E ao considerar as fotos apenas na medida em que podia usá-las, como um instrumento da memória, Proust como que entende de forma errada o que são fotos: não tanto um instrumento da memória como uma invenção dela, ou um substituto.

Não é a realidade que as fotos tornam imediatamente acessível, mas sim as imagens. Por exemplo, hoje todos os adultos podem saber com exatidão como eles, seus pais e seus avós eram quando crianças — um conhecimento que não era acessível antes da invenção da câmera, nem mesmo para aquela pequena minoria em que era costume encomendar pinturas de seus filhos. A maioria desses retratos era menos informativa do que qualquer instantâneo. E mesmo os muito ricos tinham, em geral, apenas um retrato de si mesmos e de seus antepassados quando crianças, ou seja, uma imagem de um momento da infância, ao passo que hoje é comum a pessoa ter muitas fotos de si mesma em todas as idades, uma vez que a câmera oferece a possibilidade de um registro completo. O sentido dos retratos convencionais na residência burguesa dos séculos XVIII e XIX era confirmar um ideal de modelo (proclamar a posição social, embelezar a aparência pessoal); em vista desse propósito, fica claro o motivo por que seus proprietários não sentiam necessidade de ter mais de um retrato. A foto-registro, mais modestamente, confirma apenas que o tema existe; portanto, por mais fotos que a pessoa tenha, elas nunca serão demais.

O temor de que a singularidade de um tema fosse nivelada ao ser fotografado nunca se exprimiu com mais frequência do que na década de 1850, anos em que a fotografia de retrato deu o primeiro exemplo de como as câmeras podiam criar modas fugazes e indústrias duradouras. Em *Pierre*, de Melville, publicado no início daquela década, o herói, outro campeão fervoroso do isolamento voluntário,

> refletia sobre a infinita presteza com que, agora, o retrato mais fiel de qualquer pessoa podia ser tirado pelo daguerreótipo, ao passo que em tempos anteriores um retrato fiel só estava ao alcance do poder dos endinheirados, ou dos aristocratas mentais da terra. Portanto, era bastante natural a inferência de que, em vez de imortalizar um gênio, como nos velhos tempos, um retrato agora apenas *dializava* um imbecil. Além do mais, quando todos têm seu retrato publicado, a verdadeira distinção consiste em não ter nunca seu retrato publicado.

Mas se fotos rebaixam, pinturas distorcem no sentido oposto: engrandecem. A intuição de Melville é de que todas as formas de retratar na civilização dos negócios são espúrias; pelo menos, assim parece a Pierre, modelo de sensibilidade alienada. Da mesma forma como uma foto é muito pouco numa sociedade de massas, uma pintura é demais. A natureza de uma pintura, observa Pierre, torna-a

> mais habilitada a reverenciar do que um homem; porquanto nada de desairoso pode ser imaginado com respeito ao retrato, ao passo que muitas coisas inevitavelmente desairosas podem ser concebidas quando se trata de um homem.

Embora tais ironias possam ser vistas como diluídas no completo triunfo da fotografia, a diferença principal entre uma pintura e uma foto no que se refere ao retratismo ainda perdura. Pinturas invariavelmente resumem; fotos, em geral, não o fazem. Imagens fotográficas são peças comprobatórias numa biografia ou numa história em andamento. E uma foto, ao contrário de uma pintura, implica a existência de outras.

"Sempre — o Documento Humano mantém o presente e o futuro em contato com o passado", disse Lewis Hine. Porém aquilo que a fotografia fornece não é apenas um registro do passado mas um modo novo de lidar com o presente, como atestam os efeitos dos incontáveis bilhões de documentos fotográficos contemporâneos. Enquanto fotos velhas preenchem nossa imagem mental do passado, as fotos tiradas hoje transformam o que é presente numa imagem mental, como o passado. As câmeras estabelecem uma relação inferencial com o presente (a realidade é conhecida por seus vestígios), proporcionam uma visão imediatamente retroativa da experiência. Fotos fornecem formas simuladas de posse: do passado, do presente e até do futuro. Em *Invitation to a beheading* [Convite a uma decapitação] (1938), de Nabokov, o prisioneiro Cincinnatus vê o "foto-horóscopo" de uma criança elaborado pelo sinistro M'sieur Pierre: um álbum de fotos da pequena Emmie quando bebê, depois como criança, depois como pré-púbere, tal como é no momento, e depois — por meio de retoques e de fotos da mãe — imagens da Emmie adolescente, noiva, com trinta anos e, por fim, uma foto de Emmie já aos quarenta anos de idade, em seu leito de morte. Uma "paródia da obra do tempo", assim Nabokov denomina esse artefato exemplar; é também uma paródia da obra da fotografia.

A fotografia, que tem tantos usos narcisistas, é também um poderoso instrumento para despersonalizar nossa relação com o mundo; e os dois usos são complementares. Como um par de binóculos sem um lado certo e outro errado, a câmera torna próximas, íntimas, coisas exóticas; e coisas familiares, ela torna pequenas, abstratas, estranhas, muito distantes. Numa atividade fácil, formadora de um hábito, ela oferece tanto participação quanto alienação em nossa própria vida e na dos outros — permitindo-nos participar, ao mesmo tempo que confirmamos a alienação. Hoje, guerra e fotografia parecem inseparáveis, e desastres de avião e outros acidentes medonhos sempre atraem pessoas com câmeras. Uma sociedade que torna normativo aspirar a nunca ter experiências de fracasso, privação, desgraça, dor, doenças terríveis, e em que a própria morte é vista não como natural e inevitável mas como uma calamidade cruel e imerecida, cria uma tremenda curiosidade em torno desses fatos — curiosidade que é, em parte, satisfeita por meio da atividade de tirar fotos. A sensação de estar isento de calamidades estimula o interesse em olhar fotos dolorosas, e olhar para elas sugere e reforça o sentimento de estar a salvo. Em parte isso ocorre porque a pessoa está "aqui" e não "lá", e em parte devido ao caráter de inevitabilidade que todos os fatos adquirem quando transmutados em imagens. No mundo real, algo *está* acontecendo e ninguém sabe o que *vai* acontecer. No mundo-imagem, aquilo *aconteceu* e sempre *acontecerá* daquela maneira.

Ao saber muito do que se passa no mundo (arte, catástrofe, belezas da natureza) por meio de imagens fotográficas, as pessoas não raro se frustram, se surpreendem, se sentem indiferentes quando veem a coisa real. Pois imagens fotográficas tendem a subtrair o sentimento de algo que experimentamos em primeira mão, e os sentimentos que elas despertam, em larga medida, não são os mesmos que temos na vida real. Muitas vezes algo nos perturba mais em forma de fotografia do que quando o experimentamos de fato. Num hospital em Xangai em 1973, ao ver um operário industrial com ulcerações em estágio avançado ter nove décimos do estômago retirados sob o efeito de anestesia por acupuntura, consegui acompanhar a operação de três horas (a primeira operação que testemunhei em minha vida) sem sentir náuseas nem a necessidade, sequer por uma vez, de desviar os olhos. Num cinema de Paris, um ano depois, a cirurgia menos sanguinolenta mostrada no documentário de Antonioni sobre a China intitulado *Chuang Kuo* fez que eu me encolhesse toda ao primeiro corte do bisturi e desviasse os olhos várias vezes durante a sequência. Somos vulneráveis a fatos perturbadores em forma de imagens fotográficas de um modo que não ocorre diante da realidade. Essa vulnerabilidade faz parte da passividade distintiva de alguém que é duplamente espectador, espectador de fatos já elaborados, primeiro pelos participantes e depois pelo criador da imagem. Para a operação real, tive de ser limpada e escovada, vestir uma bata de cirurgia e depois ficar ao lado dos atarefados cirurgiões e enfermeiras, com meus papéis para desempenhar: adulto inibido, visitante cortês, testemunha respeitosa. A cirurgia no cinema exclui não só essa participação modesta como tudo o que pode haver de ativo em presenciar. Na sala de operações, sou eu que mudo de foco, faço os *closes* e os planos médios. No cinema, Antonioni já escolheu de antemão que partes da cirurgia eu posso ver; a câmera olha por mim — e me obriga a olhar, deixando a mim, como única opção, não olhar. Além disso, o filme condensa em minutos algo que leva horas para acontecer, deixando apenas partes interessantes, apresentadas de um modo interessante, ou seja, com o intuito de provocar ou de chocar. O dramático é dramatizado, pela didática da composição e da montagem. Viramos a página numa revista de fotos, uma nova sequência tem início num filme, e cria-se um contraste mais contundente do que o contraste entre fatos sucessivos em tempo real.

Nada poderia ser mais instrutivo sobre o significado da fotografia para nós — como, entre outras coisas, um método de dar realce ao real — do que as críticas contra o filme de Antonioni publicadas na imprensa chinesa no início de 1974. Elas fornecem um catálogo negativo de todos os expedientes da fotografia moderna, em fotos ou no cinema.* Enquanto, para nós, a fotografia está intimamente ligada a maneiras descontínuas de ver (a questão é precisamente ver o todo por meio de uma parte — um detalhe impressionante, um tipo surpreendente de corte), na China, está ligada apenas à continuidade. Não só existem temas adequados para a câmera, os temas positivos, inspiradores (atividades exemplares, gente risonha, tempo radioso) e ordeiros, como também há maneiras adequadas de fotografar, derivadas de ideias a respeito da ordem moral do espaço que excluem a própria ideia da visão fotográfica. Assim, Antonioni foi recriminado por fotografar coisas velhas, ou ultrapassadas — "ele procurou e escolheu paredes degradadas e jornais de mural há muito fora de uso"; sem prestar "nenhuma atenção a tratores grandes e pequenos que operavam nos campos, [ele] escolheu apenas um burro que puxava um rolo de pedra" — e por mostrar momentos indecorosos — "de forma repugnante, filmou pessoas que assoam o nariz e vão defecar" — e movimento indisciplinado — "em vez de focalizar

---

* Ver *A vicious motive, despicable tricks — A criticism of antonioni's anti-China film "China"* [Um motivo pérfido, truques baixos — Crítica ao filme antichinês de Antonioni "China"] (Pequim: Edições em Línguas Estrangeiras, 1974), um folheto de dezoito páginas (anônimo) que reproduz um artigo publicado no jornal *Renminh Ribao* no dia 30 de janeiro de 1974; e "Em repúdio ao filme antichinês de Antonioni", *Peking Review*, nº 8 (22 de fevereiro de 1974), que fornece versões resumidas de três outros artigos publicados naquele mês. O intuito dos três artigos, está claro, não é formular uma opinião sobre a fotografia — seu interesse a esse respeito é involuntário —, mas sim construir um modelo de inimigo ideológico, como ocorreu em outras campanhas educacionais de massa postas em prática nesse período. Em vista desse intuito, para as dezenas de milhões de pessoas mobilizadas em comícios promovidos em escolas, fábricas, unidades militares e comunas em todo o país, era tão desnecessário ter visto de fato *Chung Kuo* para "Criticar o filme antichinês de Antonioni" como, para os participantes da campanha "Criticar Lin Piao e Confúcio", em 1976, era desnecessário ter lido qualquer texto de Confúcio.

alunos em sala de aula em nossas escolas primárias de fábrica, filmou crianças correndo para fora da sala após a aula". E foi acusado de denegrir os temas corretos em razão de seu modo de fotografá-los: usando "cores sombrias e tristes" e ocultando pessoas em "sombras escuras"; tratando o mesmo tema em uma variedade de tomadas — "há por vezes tomadas longas, por vezes *closes*, por vezes tomadas frontais, outras vezes tomadas de trás" — ou seja, por não mostrar as coisas do ponto de vista de um observador único e numa posição ideal; por usar ângulos de cima ou de baixo — "a câmera, diante dessa esplêndida ponte moderna, estava propositalmente posicionada em ângulos muito ruins a fim de mostrá-la torta e claudicante"; e por não fazer tomadas suficientemente detalhadas — "ele espremeu os miolos para inventar *closes* numa tentativa de distorcer a imagem do povo e enfear sua perspectiva espiritual".

Além da iconografia fotográfica, produzida em massa, de líderes cultuados, de *kitsch* revolucionário e de tesouros culturais, veem-se com frequência na China fotos de um tipo privado. Muita gente possui fotos de pessoas queridas, pregadas à parede ou afixadas sob um vidro, colocadas sobre a escrivaninha ou sobre a cômoda. Grande parte dessas fotos é constituída de instantâneos do tipo que se tira aqui em festas de família e em viagens; mas nenhuma é uma foto espontânea, nem mesmo do tipo que o mais simplório fotógrafo de nossa sociedade acha normal — um bebê engatinhando, alguém no correr de um gesto. Fotos de esporte mostram a equipe em um grupo, ou apenas os momentos do jogo mais estilizados e dançados: em geral, o que as pessoas fazem com a câmera é reunir-se diante dela, em seguida dispor-se em uma ou duas fileiras. Não há o menor interesse em captar um tema em movimento. Isso ocorre, é de supor, em parte por causa de certas antigas convenções de decoro no comportamento e na representação pictórica. E é esse o gosto visual característico daqueles que se encontram no primeiro estágio da cultura da câmera, quando a imagem é definida como algo que pode ser roubado de seu proprietário; assim, Antonioni foi recriminado por "fazer tomadas à força, contra a vontade do povo", como um "ladrão". A posse de uma câmera não autoriza a intromissão, como acontece em nossa sociedade, quer as pessoas gostem ou não. (As boas maneiras de uma cultura da câmera determinam que a pessoa deve fingir não notar quando está sendo fotografada por um estranho num local público, contanto que o fotógrafo se mantenha a uma distância discreta — ou seja, espera-se que a pessoa não proíba o ato de fotografar nem faça pose.) Ao contrário daqui, onde posamos se possível e nos rendemos quando necessário, na China tirar fotos é sempre um ritual; sempre envolve posar e, necessariamente, consentir. Alguém que "deliberadamente espreitasse pessoas que ignorassem sua intenção de filmá-las" estaria privando pessoas e coisas do seu direito de posar, a fim de se apresentarem da melhor maneira possível.

Em *Chuang Kuo*, Antonioni dedicou quase toda a sequência sobre a praça Tien An Men, em Pequim, o mais importante local de peregrinação política do país, aos peregrinos que esperam para ser fotografados. O interesse de Antonioni em mostrar os chineses cumprindo esse rito elementar, documentar sua viagem por meio de uma câmera, é evidente: a foto e o ato de ser fotografado são, para a câmera, temas contemporâneos por excelência. Para seus críticos, o desejo que sentem os visitantes da praça Tien An Men de ter um suvenir fotográfico

é um reflexo de seus profundos sentimentos revolucionários. Mas, com más intenções, Antonioni, em vez de mostrar essa realidade, fez tomadas apenas da roupa, do movimento e das expressões das pessoas: aqui, uma pessoa arruma o cabelo; ali, pessoas espiam, com os olhos ofuscados pelo sol; num momento, as mangas, no outro, as calças.

Os chineses resistem ao desmembramento fotográfico da realidade. *Closes* não são usados. Mesmo os cartões-postais de objetos antigos e de obras de arte vendidos em museus não mostram parte de algo; o objeto é sempre fotografado de frente, centrado, claramente iluminado e no seu todo.

Achamos os chineses ingênuos por não perceberem a beleza da porta rachada e descascada, o caráter pitoresco da desordem, a força do ângulo estranho e do detalhe significativo, a poesia do avesso. Temos uma ideia moderna de embelezamento — a beleza não é inerente a nada; deve ser encontrada por outro modo de ver —, bem como uma noção mais larga de significado, que os muitos usos da fotografia ilustram e reforçam vigorosamente. Quanto mais numerosas as variações de algo, mais ricas as possibilidades de significado: assim, hoje, diz-se mais com fotos no Ocidente do que na China. Deixando de lado o que quer que possa haver em *Chuang Kuo* de uma peça de campanha ideológica (e os chineses não estão errados ao julgar o filme desdenhoso), as imagens de Antonioni apenas significam *mais* do que quaisquer imagens que os chineses divulguem de si mesmos. Os chineses não querem que as fotos signifiquem muito ou sejam muito interessantes. Não querem ver o mundo de um ângulo inusual, descobrir novos temas. Fotos devem mostrar aquilo que já foi descrito. A fotografia, para nós, é um instrumento de dois gumes, para produzir clichês (palavra francesa que designa uma expressão trivial e também o negativo fotográfico) e para oferecer percepções "inéditas". Para as autoridades chinesas, só existem clichês — que elas não consideram clichês, mas percepções "corretas".

Na China, hoje, só se reconhecem duas realidades. Nós vemos a realidade como inevitável e instigantemente plural. Na China, o que se define como uma questão para debate é aquela em que existem "duas linhas", a certa e a errada. Nossa sociedade propõe um espectro de escolhas e percepções descontínuas. A deles é construída em torno de um observador único e ideal; e as fotos dão sua contribuição para o Grande Monólogo. Para nós, existem pontos de vista dispersos, intercambiáveis; a fotografia é um polílogo. A ideologia chinesa vigente define a realidade como um processo histórico estruturado por dualismos recorrentes, com significados nitidamente delineados e coloridos moralmente; o passado, em sua maior parte, é simplesmente tido como ruim. Para nós, existem processos históricos com significados espantosamente complexos e por vezes contraditórios; e artes que adquirem muito de seu valor por conta de nossa consciência do tempo como história, como é o caso da fotografia. (É por isso que o passar do tempo incrementa o valor estético das fotos, e as cicatrizes do tempo, na maioria das vezes, tornam os objetos mais instigantes para os fotógrafos.) Com a ideia de história, atestamos nosso interesse em conhecer o maior número de coisas. O único uso que os chineses têm permissão de fazer de sua história é o uso didático: seu interesse por história é estreito, moralista, deformador, sem curiosidade. Portanto, a fotografia, no sentido em que a vemos, não tem lugar na sociedade deles.

Os limites postos para a fotografia na China apenas refletem o caráter dessa sociedade, uma sociedade unificada por uma ideologia de puro e incessante conflito. Nosso uso ilimitado de imagens fotográficas não apenas reflete como dá forma a esta sociedade, unificada pela negação do conflito. Nossa própria ideia do mundo — o "mundo uno" do capitalismo do século xx — é semelhante a um levantamento fotográfico. O mundo é "uno" não por estar unido, mas porque um passeio por seus variados conteúdos não revela um conflito, apenas uma diversidade ainda mais assombrosa. Essa unidade espúria do mundo é obtida mediante a tradução de seus conteúdos em imagens. Imagens são sempre compatíveis, mesmo quando as realidades que retratam não o são.

A fotografia não apenas reproduz o real, recicla-o — um procedimento fundamental numa sociedade moderna. Na forma de imagens fotográficas, coisas e fatos recebem novos usos, destinados a novos significados, que ultrapassam as distinções entre o belo e o feio, o verdadeiro e o falso, o útil e o inútil, bom gosto e mau gosto. A fotografia é um dos principais meios de produzir esse atributo, conferido às coisas e às situações, que apaga aquelas distinções: "o interessante". O que torna uma coisa interessante é que ela pode ser vista como parecida, ou análoga, a outra coisa. Existe uma arte e existem maneiras de ver coisas a fim de torná-las interessantes; e para suprir essa arte, e essas maneiras, existe uma perseverante reciclagem dos artefatos e dos gostos do passado. Clichês, reciclados, tornam-se metaclichês. A reciclagem fotográfica cria clichês a partir de objetos únicos, distintivos; e cria artefatos vívidos a partir de clichês. Imagens de coisas reais são entremeadas com imagens de imagens. Os chineses circunscrevem o uso da fotografia de modo que não existam camadas ou estratos de imagens, e todas as imagens reforçam e reiteram umas às outras.* Fazemos da fotografia um meio de, precisamente, dizer qualquer

---

* A preocupação dos chineses com a função reiterativa das imagens (e das palavras) estimula a distribuição de imagens adicionais, fotos que retratem cenas em que, nitidamente, nenhum fotógrafo poderia estar presente; e o uso contínuo de tais fotos sugere a estreiteza do entendimento da população acerca do que imagens fotográficas e o ato de tirar fotos implicam. Em seu livro *Sombras chinesas*, Simon Leys dá um exemplo extraído do "Movimento para emular Lei Feng", uma campanha de massa de meados da década de 1960 destinada a inculcar os ideais da cidadania maoista, construída em torno da apoteose de um Cidadão Desconhecido, um prisioneiro chamado Lei Feng que morreu aos vinte anos

coisa, servir a qualquer propósito. O que na realidade está separado, as imagens unem. Na forma de uma foto, a explosão de uma bomba atômica pode ser usada na publicidade de um cofre.

Para nós, a diferença entre o fotógrafo como um olho individual e o fotógrafo como um registrador objetivo parece fundamental, uma diferença muitas vezes vista, erradamente, como algo que separa a fotografia artística da fotografia como documento. Mas ambos são extensões lógicas do que a fotografia significa: anotar potencialmente tudo no mundo, de todos os ângulos possíveis. O mesmo Nadar que tirou os retratos de celebridades mais fidedignos de seu tempo e fez as primeiras fotoentrevistas foi também o primeiro fotógrafo a produzir imagens aéreas; e quando realizou "a operação daguerriana" em Paris, do alto de um balão, em 1855, imediatamente se deu conta das vantagens futuras da fotografia para os promotores de guerras.

Duas atitudes estão subjacente a essa presunção de que tudo no mundo é imaterial para a câmera. Uma crê que há beleza ou pelo menos interesse em tudo, visto com um olho aguçado o bastante. (E a estetização da realidade que torna tudo, qualquer coisa, acessível à câmera é também aquilo que permite a cooptação de qualquer foto, mesmo de um tipo absolutamente prático, como arte.) A outra trata tudo como objeto de algum uso presente ou futuro, como matéria de estimativas, decisões e previsões. Segundo

---

num acidente banal. As exposições sobre Lei Feng montadas nas grandes cidades continham "documentos fotográficos, como *Lei Feng ajuda uma velha a atravessar a rua*, *Lei Feng lava em segredo* [sic] *a roupa de um camarada*, *Lei Feng dá sua refeição a um camarada que esqueceu a marmita* e assim por diante", e aparentemente ninguém questionou "a presença providencial de um fotógrafo durante os vários incidentes na vida desse soldado humilde e até então desconhecido". Na China, o que torna verdadeira uma imagem é ser bom para as pessoas vê-la.

uma atitude, nada existe que não deva ser *visto*; segundo a outra, nada existe que não deva ser *registrado*. As câmeras implementam uma visão estética da realidade por serem um brinquedo mecânico que estende a todos a possibilidade de fazer julgamentos desinteressados sobre a importância, o interesse e a beleza. ("*Isso daria uma boa foto.*") As câmeras implementam a visão instrumental da realidade por reunir informações que nos habilitam a reagir de modo mais acurado e muito mais rápido a tudo o que estiver acontecendo. A reação, é claro, pode ser repressiva ou benevolente: fotos de reconhecimento militar ajudam a aniquilar vidas, radiografias ajudam a salvá-las.

Embora essas duas atitudes, a estética e a instrumental, pareçam produzir sentimentos contraditórios e até incompatíveis sobre pessoas e situações, essa é a típica contradição de atitude que devem compartilhar os membros de uma sociedade que divorcia o público do privado, e com a qual eles devem conviver. Talvez não exista nenhuma atividade que nos prepare tão bem para viver com essas atitudes contraditórias quanto a atividade de tirar fotos, que se presta a ambas de forma tão magnífica. De um lado, câmeras armam a visão a serviço do poder — do Estado, da indústria, da ciência. De outro, câmeras tornam a visão expressiva nesse espaço mítico conhecido como vida privada. Na China, onde nenhum espaço é deixado livre da política e do moralismo para expressões de sensibilidade estética, só se devem fotografar determinadas coisas, e só de determinadas maneiras. Para nós, à medida que nos tornamos mais desprendidos da política, há cada vez mais espaço livre para preencher com exercícios de sensibilidade como aqueles que as câmeras proporcionam. Um dos efeitos da mais recente tecnologia da câmera (vídeo, cinema de revelação instantânea) foi canalizar para usos narcisistas — ou seja, autovigilância — uma quantidade ainda maior daquilo que é produzido com câmeras em caráter privado. Mas tais usos, hoje populares, de imagens exibidas pouco depois de captadas, no quarto de dormir, na sessão de terapia e no simpósio de final de semana, parecem muito menos significativos do que o potencial do vídeo como ferramenta para vigilância em locais públicos. É de supor que os chineses, mais cedo ou mais tarde, venham a fazer da fotografia os mesmos usos instrumentais que nós, exceto este, talvez. Nossa inclinação para tratar o caráter como equivalente ao comportamento torna mais aceitável uma vasta instalação pública do olhar exterior mecanizado propiciado pelas câmeras. Os padrões de ordem muito mais repressivos vigentes na China requerem não só monitoramento do comportamento mas também modificação dos corações; lá, a vigilância é internalizada a um grau sem precedentes, o que sugere um futuro mais limitado para a câmera como meio de vigilância na sociedade deles.

A China oferece o modelo de um tipo de ditadura cuja ideia mestra é "o bem", em que os limites mais impiedosos são contrapostos a todas as formas de expressão, incluindo as imagens. O futuro pode oferecer outro tipo de ditadura, cuja ideia mestra será "o interessante", em que imagens de todos os tipos, estereotipadas e excêntricas, vão proliferar. Algo semelhante é sugerido em *Invitation to a beheading*, de Nabokov. Seu retrato do modelo de um Estado totalitário contém apenas uma arte onipresente: a fotografia — e o fotógrafo amistoso que ronda a cela de morte do herói revela-se, no fim do romance, como o carrasco. E parece não haver um modo (exceto a imposição de uma vasta amnésia histórica, como ocorre na China) de limitar a proliferação de imagens fotográficas. A única pergunta é se a função do mundo-imagem criado por câmeras poderia ser diferente do que é. A função atual é bastante clara, se considerarmos em que contextos as imagens fotográficas são vistas, que dependências elas criam, que antagonismos pacificam — ou seja, que instituições elas respaldam, a que necessidades de fato servem.

Uma sociedade capitalista requer uma cultura com base em imagens. Precisa fornecer grande quantidade de entretenimento a fim de estimular o consumo e anestesiar as feridas de classe, de raça e de sexo. E precisa reunir uma quantidade ilimitada de informações para melhor explorar as reservas naturais, aumentar a produtividade, manter a ordem, fazer a guerra, dar emprego a burocratas. As faculdades geminadas da câmera, subjetivizar a realidade e objetificá-la, servem idealmente a essas necessidades e as reforçam. As câmeras definem a realidade de duas maneiras essenciais para o funcionamento de uma sociedade industrial avançada: como um espetáculo (para as massas) e como um objeto de vigilância (para os governantes). A produção de imagens também supre uma ideologia dominante. A mudança social é substituída por uma mudança em imagens. A liberdade de consumir uma pluralidade de imagens e de bens é equiparada à liberdade em si. O estreitamento da livre escolha política para libertar o consumo econômico requer a produção e o consumo ilimitados de imagens.

A razão final para a necessidade de fotografar tudo repousa na própria lógica do consumo em si. Consumir significa queimar, esgotar — e, portanto, ter de se reabastecer. À medida que produzimos imagens e as consumimos, precisamos de ainda mais imagens; e mais ainda. Porém imagens não são um tesouro em cujo benefício o mundo tem de ser saqueado; são exatamente aquilo que está à mão onde quer que o olhar recaia. A posse de uma câmera pode inspirar algo afim à luxúria. E, a exemplo de todas as formas verossímeis de luxúria, algo que não pode ser satisfeito: primeiro, porque as possibilidades da fotografia são infinitas e, segundo, porque o projeto é, no fim, autodevorador. As tentativas feitas por fotógrafos de dar sustentação a um sentido de realidade esvaziado contribuem para o esvaziamento. Nossa opressiva sensação da transitoriedade de tudo é mais aguda, uma vez que as câmeras nos oferecem os meios de "fixar" o momento fugidio. Consumimos imagens num ritmo sempre mais rápido e, assim como Balzac suspeitava que as câmeras exauriam camadas do corpo, as imagens consomem a realidade. As câmeras são o antídoto e a doença, um meio de apropriar-se da realidade e um meio de torná-la obsoleta.

Os poderes da fotografia, de fato, têm desplatonizado nossa compreensão da realidade, tornando cada vez menos plausível refletir nossa experiência à luz da distinção entre imagens e coisas, entre cópias e originais. Condizia com a atitude depreciativa de Platão no tocante às imagens associá-las a sombras — transitórias, minimamente informativas, imateriais, impotentes copresenças das coisas reais que as projetam. Mas a força das imagens fotográficas provém de serem elas realidades materiais por si mesmas, depósitos fartamente informativos deixados no rastro do que quer que as tenha emitido, meios poderosos de tomar o lugar da realidade — ao transformar *a realidade* numa sombra. As imagens são mais reais do que qualquer um poderia supor. E só por constituírem uma fonte ilimitada, que não pode ser exaurida pelo desgaste consumista, há uma razão tanto maior para aplicar o remédio conservacionista. Se pode haver um modo melhor para o mundo real incluir o mundo das imagens, vai demandar uma ecologia não só de coisas reais mas também de imagens.

BREVE ANTOLOGIA DE CITAÇÕES
[HOMENAGEM A W. B.]

*Desejei reter toda a beleza que surgia à minha frente, e por fim
o desejo foi satisfeito.*

Julia Margaret Cameron

*Desejo ter uma lembrança de todos os seres que me são caros
no mundo. Não é apenas a semelhança que é preciosa, nesses
casos — mas a associação e a sensação de proximidade impli-
cada na coisa* [...] *o fato de a* própria sombra da pessoa *que
está ali ter sido fixada para sempre! É a própria santificação
dos retratos, eu creio — e não é de modo algum monstruoso da
minha parte dizer, por mais que meus irmãos protestem de forma tão veemente, que eu preferiria ter um tal monumento de
uma pessoa que amei afetuosamente a ter mais nobre obra de
um artista jamais produzida.*

Elizabeth Barret, em carta a Mary Russel Mitford, 1843

Nossa fotografia é um registro de nossa vida, para qualquer pessoa que veja, de fato. Podemos ver e ser afetados pelas maneiras de outras pessoas, podemos até usá-las para encontrar nossa própria maneira mas no final sempre teremos de nos libertar delas. É isso o que Nietzsche queria dizer quando declarou: "Acabei de ler Schopenhauer, agora tenho de me livrar dele". Ele sabia como as maneiras dos outros podem ser insidiosas, sobretudo aquelas que têm a eficácia da experiência profunda, se deixarmos que elas se interponham entre nós e a nossa visão.

Paul Strand

A suposição de que o homem exterior seja um retrato do interior, e o rosto uma expressão e uma revelação de todo o caráter, é bastante plausível em si mesma e, por conseguinte, bastante segura para a levarmos adiante; nascida, como é, do fato de as pessoas estarem sempre ansiosas para ver alguém que se tornou famoso. [...] A fotografia [...] oferece a satisfação mais completa de nossa curiosidade.

Schopenhauer

Experimentar algo como belo significa: experimentá-lo de forma necessariamente equivocada.

Nietzsche

Agora, em troca de uma quantia absurdamente pequena, podemos nos familiarizar não só com cada localidade famosa no mundo mas também com quase todos os homens notáveis da Europa. A ubiquidade do fotógrafo é algo maravilhoso. Todos nós vimos os Alpes e conhecemos Chamonix e Mer de Glace de cor, embora nunca tenhamos enfrentado os horrores do Canal. [...] Cruzamos os Andes, subimos até Tenerife, adentramos o Japão, "fizemos" o Niágara e as Mil Ilhas, provamos o prazer de uma batalha com nossos pares (diante de vitrines), tomamos assento nas assembleias dos poderosos, ficamos íntimos de reis, de imperadores e de rainhas, de prima-donas, dos astros do balé e de "atores talentosos". Vimos fantasmas e não trememos; ficamos de pé diante de realezas sem tirar o chapéu; em suma, olhamos através de uma lente de sete centímetros e meio para toda e qualquer pompa e vaidade deste mundo cruel mas belo.

"D. P.", colunista de *Once a Week*

(Londres), 1º de junho de 1861

Com muita justiça se disse a respeito de Atget que ele fotografou [ruas desertas de Paris] como se fossem cenários de um crime. O cenário de um crime é também deserto; é fotografado com o propósito de estabelecer um indício. Em Atget, fotos se tornam indícios legais para acontecimentos históricos e adquirem um significado político oculto.

Walter Benjamin

Se eu pudesse contar a história em palavras, não precisaria carregar uma câmera.

Lewis Hine

Fui a Marseille. Um pequeno subsídio me permitia sobreviver, e trabalhei com prazer. Acabara de descobrir a Leica. Ela se tornou uma extensão de meu olho e, desde que a descobri, jamais me separei dela. Vagava pelas ruas o dia inteiro, sentindo-me muito alerta, pronto a dar um bote, determinado a "capturar" a vida — a preservar a vida no ato de viver. Acima de tudo, eu ansiava captar, no âmbito de uma só foto, toda a essência de uma situação que estivesse em processo de desdobramento diante dos meus olhos.

Henri Cartier-Bresson

É DIFÍCIL DIZER ONDE VOCÊ TERMINA E A CÂMERA COMEÇA.

Uma Minolta SLR 35 mm permite capturar o mundo a sua volta quase sem fazer esforço. Ou expressar seu mundo interior. Se adapta bem às mãos. Os dedos vão para o lugar naturalmente. Tudo funciona de modo tão suave que a câmera se torna parte de você. Não é preciso afastar o olho do visor para fazer os ajustes. Assim você pode se concentrar na criação da foto. [...] E fica livre para explorar os limites de sua imaginação com uma Minolta. Mais de quarenta lentes nos esplêndidos sistemas Rokkor-X e Minolta/Celtic permitem que você vença distâncias ou capture um espetacular panorama com uma olho de peixe [...]

MINOLTA
QUANDO VOCÊ É A CÂMERA E A CÂMERA É VOCÊ.

Publicidade, 1976

Eu fotografo o que não desejo pintar e pinto o que não posso fotografar.

Man Ray

Só com esforço se pode obrigar a câmera a mentir: é essencialmente um veículo honesto: o fotógrafo está muito mais apto a se aproximar da natureza com um espírito de indagação, de comunhão, do que com a arrogância insolente de autodenominados "artistas". E a visão contemporânea, a vida nova, baseia-se numa abordagem honesta de todos os problemas, sejam morais ou da arte. Falsas fachadas de prédios, falsos critérios na moral, subterfúgios e pantomimas de todo tipo devem ser e serão jogados no lixo.

Edward Weston

Tento, por meio de boa parte do meu trabalho, animar todas as coisas — mesmo os chamados objetos "inanimados" — com o espírito do homem. Pouco a pouco, cheguei a compreender que essa projeção extremamente animista provém, em última instância, de meu profundo receio e de minha profunda inquietude acerca da acelerada mecanização da vida humana; e as consequentes tentativas de imprimir uma individualidade em todas as esferas da atividade humana — processo que, em seu todo, constitui uma das expressões predominantes de nossa sociedade industrial-militar. [...] *O fotógrafo criativo libera o conteúdo humano dos objetos; e dá a conhecer a humanidade para o mundo inumano à sua volta.*

Clarence John Laughlin

Agora se pode fotografar tudo.

Robert Frank

Sempre prefiro trabalhar em estúdio. Ele isola as pessoas de seu ambiente. Em certo sentido, elas se tornam [...] *símbolos de si mesmas. Muitas vezes tenho a sensação de que as pessoas vêm a mim para ser fotografadas, assim como procurariam um médico ou um vidente — para saber como estão. Portanto, são dependentes de mim. Tenho de cativá-las. Do contrário, nada há para fotografar. A concentração tem de vir de mim e envolvê-las. Por vezes, sua força cresce de tal modo que não se ouvem mais os sons no estúdio. O tempo para. Partilhamos uma intimidade breve e intensa. Mas é gratuita. Não tem passado* [...] *nem futuro. E quando o trabalho do modelo termina*

— quando a foto está feita — nada resta senão a foto [...] a foto e um tipo de constrangimento. Elas vão embora [...] e eu não as conheço. Mal ouvi o que disseram. Se eu as encontrar uma semana depois em algum lugar, torço para que não me reconheçam. Porque tenho a sensação de não ter de fato estado lá. Pelo menos, a parte de mim que esteve lá [...] agora se encontra na foto. E as fotos têm, para mim, uma realidade que as pessoas não têm. É por meio de fotos que eu as conheço. Talvez isso pertença à natureza de ser fotógrafo. Nunca estou de fato envolvido. Não preciso ter nenhum conhecimento real. É tudo uma questão de reconhecimentos.

Richard Avedon

O daguerreótipo não é apenas um instrumento que serve para retratar a natureza [...] dá a ela a capacidade de reproduzir-se.

Louis Daguerre, num artigo
para atrair investidores, 1838

As criações do homem ou da natureza nunca têm mais magnificência do que numa foto de Ansel Adams, e sua imagem pode apoderar-se do espectador com mais força do que o objeto natural a partir do qual foi feita.

Publicidade para um livro de
fotos de Adams, 1974

ESTA FOTO DE UMA POLAROID SX-70 FAZ PARTE DA COLEÇÃO DO MUSEU DE ARTE MODERNA.
A obra é de Lucas Samaras, um dos mais destacados artistas americanos. Faz parte de uma das coleções mais importantes do mundo. Foi produzida com o sistema fotográfico instantâneo mais aprimorado do mundo, a câmera Polaroid SX-70. A mes-

ma câmera que milhões de pessoas possuem. Uma câmera de qualidade e versatilidade excepcionais, capaz de exposições de 10,4 polegadas até o infinito. [...] A obra de arte feita por Samara com uma SX-70 é uma obra de arte em si mesma.

Publicidade, 1977

A maioria de minhas fotos é compassiva, bondosa e pessoal. Elas tendem a deixar o espectador ver por si mesmo. Tendem a não fazer pregações. E tendem a não fazer pose de arte.

Bruce Davidson

Novas formas de arte são criadas pela canonização de formas periféricas.

Viktor Chklóvski

[...] surgiu uma nova indústria que contribui não pouco para confirmar a fé que a estupidez tem em si mesma e para arruinar o que porventura houver restado de divino no gênio francês. A multidão idólatra postula um ideal digno dela mesma e adequado a sua natureza — isso é perfeitamente compreensível. No tocante à pintura e à escultura, a crença vigente do público sofisticado, sobretudo na França [...] é esta: "Creio na Natureza e creio apenas na Natureza (há boas razões para tal). Creio que a Arte é e não pode ser senão a exata reprodução da Natureza. [...] Assim, uma indústria que nos pudesse dar um produto idêntico à Natureza seria a arte absoluta". Um Deus vingativo garantiu a satisfação do desejo dessa multidão. Daguerre foi o seu Messias. E agora o público diz para si mesmo: "Uma vez que a fotografia nos dá toda garantia de exatidão que poderíamos desejar (eles de fato acreditam nisso, os idiotas!), então a fotografia e a Arte são a mesma coisa". A partir desse momento, nossa esquálida sociedade precipitou-se, ca-

da homem transformado em um Narciso, para olhar sua própria imagem trivial numa lasca de metal. [...] Um escritor democrático poderia ver nisso um método barato de disseminar uma aversão pela história e pela pintura entre o povo.

Baudelaire

A vida em si não é a realidade. Somos nós que pomos vida em pedras e seixos.

Frederick Sommer

O jovem artista registrou, pedra por pedra, as catedrais de Estrasburgo e de Rheims em mais de cem cópias diversas. Graças a ele, galgamos todos os campanários [...] que jamais teríamos descoberto através de nossos olhos, ele viu por nós [...] pode-se imaginar que os artistas religiosos da Idade Média previram o daguerreótipo ao colocar suas estátuas e entalhaduras de pedra no alto, onde só os pássaros que circundam as agulhas dos campanários podiam encantar-se com seus detalhes e sua perfeição. [...] A catedral inteira é reconstruída, camada por camada, em maravilhosos efeitos de luz, de sombras e de chuva. M. Le Secq também construiu seu monumento.

H. de Lacretelle,
em *La Lumière*, 20 de março de 1852

A necessidade de trazer as coisas para "mais perto", em termos espaciais e humanos, é hoje quase uma obsessão, como o é a tendência de negar a qualidade única ou efêmera de um dado evento reproduzindo-o fotograficamente. Existe uma compulsão crescente para reproduzir fotograficamente o objeto, em close. [...]

Walter Benjamin

Não é por acaso que o fotógrafo se torna um fotógrafo, assim como o domador de leões se torna um domador de leões.

Dorothea Lange

Se eu fosse apenas curiosa, seria muito difícil dizer a alguém "quero ir à sua casa, estimular você a falar e ouvir você me contar a história de sua vida". As pessoas me responderiam: "Você está maluca". Além do mais, ficariam muito precavidas. Mas a câmera é uma espécie de licença. Muita gente quer que prestemos a elas muita atenção e esse é um tipo razoável de atenção para se prestar.

Diane Arbus

[...] *De repente, um menino pequeno caiu no chão perto de mim. Percebi que a polícia não estava disparando apenas tiros de advertência. Estava atirando na multidão. Mais crianças caíram.* [...] *Comecei a tirar fotos do menino que morria a meu lado. O sangue escorria de sua boca e algumas crianças se ajoelharam perto dele e tentaram deter o fluxo de sangue. Em seguida, algumas crianças gritaram que iam me matar.* [...] *Implorei que me deixassem em paz. Disse que era um repórter e estava ali para registrar o que acontecia. Uma menina bateu na minha cabeça com uma pedra. Fiquei tonto, mas ainda de pé. Então eles voltaram à razão e me mandaram ir embora. Durante todo o tempo, helicópteros circundavam no alto e ouvia-se o som de tiros. Era como um sonho. Um sonho que nunca esquecerei.*

Relato de Alf Khumalo, repórter negro do *Johannesburg Sunday Times*, sobre a deflagração da revolta em Soweto, África do Sul, publicado em *The Observer* (Londres), domingo, 20 de junho de 1976

A fotografia é a única "linguagem" entendida em toda parte do mundo e que, ao interligar todas as nações e culturas, une a família humana. Independente da influência política — onde as pessoas forem livres —, ela reflete fielmente a vida e os fatos, permite-nos compartilhar as esperanças e o desespero dos outros e esclarece as condições políticas e sociais. Tornamo-nos testemunhas oculares da humanidade e da desumanidade da espécie humana [...]

Helmut Gernsheim, em
Fotografia criativa, 1962

A fotografia é um sistema de edição visual. No fundo, é uma questão de cercar com uma moldura uma parcela do cone de visão de uma pessoa, quando se está no lugar e no momento propícios. Como no xadrez, ou na escrita, é uma questão de escolher entre as possibilidades dadas, mas no caso da fotografia o número de possibilidades não é infinito, e sim finito.

John Szarkowski

Às vezes eu preparava a câmera num canto do cômodo, sentava-me a certa distância dela com um controle remoto na mão e observava nossas pessoas, enquanto o sr. Caldwell conversava com elas. Podia passar uma hora antes que seus rostos e seus gestos nos oferecessem o que estávamos tentando expressar, mas, no instante em que isso ocorria, a cena era capturada numa chapa de filme, antes que elas soubessem o que havia acontecido.

Margaret Bourke-White

A foto do prefeito de Nova York William Gaynor, no momento em que é assassinado com um tiro, em 1910. O prefeito estava prestes a embarcar num navio para passar férias na Europa quando chegou o fotógrafo de um jornal americano. Ele pediu ao prefeito para posar para um retrato e, assim que levantou a câmera, dois tiros foram disparados do meio da multidão. Na confusão, o fotógrafo permaneceu calmo e a foto do prefeito ensanguentado tombando nos braços de um auxiliar tornou-se parte da história fotográfica.

Legenda em *"Clique": História ilustrada da fotografia*, 1974

Fotografei nosso banheiro, esse receptáculo lustroso e esmaltado, de beleza extraordinária. [...] Ali estavam todas as curvas sensuais da "divina figura humana", exceto as imperfeições. Jamais os gregos alcançaram uma consumação tão significativa de sua cultura e, de algum modo, isso me fez lembrar a Vitória de Samotrácia, em seu movimento atrevido de contornos que avançam com beleza.

Edward Weston

Bom gosto, neste tempo, numa democracia tecnológica, termina por ser nada mais do que um preconceito de gosto. Se tudo o que a arte faz é criar o bom gosto e o mau gosto, então ela fracassou completamente. Na questão da análise de gosto, é igualmente fácil exprimir bom ou mau gosto no modelo da geladeira, do tapete ou da poltrona que se tem em casa. Bons artistas da câmera, agora, tentam erguer a arte acima do nível do mero gosto. A arte da câmera deve ser totalmente destituída de lógica. O vazio lógico deve estar presente de sorte que o espectador aplique a ele sua própria lógica e a obra, a rigor, se forme diante dos olhos do espectador. Assim ela se torna um reflexo direto da consciência, da lógica, da moral, da ética e do gosto do espectador. A obra deveria atuar como um mecanismo de realimentação para o espectador compor a maquete de si mesmo.

Les Levine, "Camera Art", em *Studio International*, julho/agosto de 1975

Mulheres e homens — eis um tema impossível, pois não há respostas possíveis. Só podemos encontrar fragmentos de pistas. E este pequeno portifólio é apenas um esboço muito tosco da questão em pauta. Hoje talvez estejamos plantando as sementes de relações mais honestas entre mulheres e homens.

Duane Michals

— *Por que as pessoas guardam fotos?*

— *Por quê? Só Deus sabe! Afinal, por que as pessoas guardam coisas, tralha, lixo, montes de quinquilharias? Guardam, e é só o que interessa!*

— *Até certo ponto concordo com você. Algumas pessoas guardam coisas. Outras jogam tudo fora quando estão fartas dessas coisas. Sim, é uma questão de temperamento. Mas agora me refiro especialmente a fotos. Por que as pessoas guardam, especialmente,* fotos?

— *Como eu disse, porque não jogam as coisas fora. Ou porque elas lhes fazem lembrar...*

Poirot tomou para si as palavras dele.

— *Exatamente.* Elas lhes fazem lembrar. *Agora, de novo, pergunto: por quê? Por que uma mulher guarda uma foto de si mesma quando jovem? Digo que a primeira razão é, essencialmente, a vaidade. Foi uma bela moça e guarda a própria foto para recordar-se de como foi uma bela moça. Isso a anima quando o espelho lhe diz coisas pouco palatáveis. Talvez ela diga a uma amiga: "Esta era eu aos dezoito anos...". E dê um suspiro... Concorda?*

— *Sim, sim, creio que é bem verdadeiro.*

— *Portanto este é o motivo número um. Vaidade. Agora, o motivo número dois. O sentimento.*

— *Não é a mesma coisa?*

— *Não, não, é bem diferente. Pois leva a pessoa a conservar não só a própria foto mas a de um outro... Uma foto da filha casada, quando era criança, sentada num tapete em frente à lareira, envolta em tule... Muito constrangedor, às vezes, para a pessoa fotografada, mas as mães adoram. E os filhos e as filhas muitas vezes guardam fotos da mãe, em especial, digamos, se a mãe morreu jovem. "Esta era minha mãe, quando moça."*

— Começo a perceber aonde você quer chegar, Poirot.

— E, provavelmente, existe uma terceira categoria. Não a vaidade, não o sentimento, não o amor: talvez o ódio. O que acha?

— O ódio?

— Sim. Manter vivo um desejo de vingança. Alguém feriu você. Você pode guardar uma foto para recordar, não pode?

Trecho de *A senhora McGinty está morta*, 1951, de
Agatha Christie

Antes, no amanhecer daquele dia, uma comissão adrede escolhida descobrira o cadáver de Antônio Conselheiro.

Jazia num dos casebres anexos à latada, e foi encontrado graças à indicação de um prisioneiro. Removida a breve camada de terra, apareceu no triste sudário de um lençol imundo, em que mãos piedosas haviam desparzido algumas flores murchas, e repousando sobre uma esteira velha, de tábua, o corpo do "famigerado e bárbaro agitador". [...] Desenterraram-no cuidadosamente. Dádiva preciosa — único prêmio, únicos despojos opimos de tal guerra! — faziam-se mister os máximos resguardos para que não se desarticulasse ou deformasse [...]. Fotografaram-no depois. E lavrou-se uma ata rigorosa firmando a sua identidade: importava que o país se convencesse bem de que estava, afinal, extinto aquele terribilíssimo antagonista.

Trechos de *Os sertões*, 1902,
Euclides da Cunha

Homens ainda se matam mutuamente, ainda não entenderam como vivem, por que vivem; os políticos não percebem que a Terra é um todo, no entanto inventou-se a televisão (Telehor): o "espectador à distância" — amanhã, poderemos olhar o interior do coração de nosso semelhante, poderemos estar em toda parte e ainda assim estarmos sós; imprimem-se livros ilustrados, jornais, revistas — aos milhões. A falta de ambiguidade do real, a verdade na situação cotidiana está ali, para todas as classes. A "HIGIENE DO ÓPTICO", A SAÚDE DO VISÍVEL ESTÁ LENTAMENTE SE INFILTRANDO.

László Moholy-Nagy, 1925

À medida que meu projeto avançava, tornou-se óbvio que na verdade não importava o local que eu escolhesse para fotografar. O lugar específico apenas fornecia um pretexto para produzir uma obra. [...] só podemos ver aquilo que estamos aptos a ver — aquilo que espelha nossa mente num momento específico.

George Tice

Fotografo para descobrir como algo ficará quando fotografado.

Garry Winogrand

As viagens patrocinadas pela Guggenheim eram como cuidadosas caçadas ao tesouro, com pistas falsas misturadas com verdadeiras. Sempre éramos encaminhados por amigos para suas paisagens, panoramas ou formações prediletas. Às vezes, esses palpites rendiam verdadeiros prêmios Weston; outras vezes, a peça recomendada revelava-se uma bobagem [...] e percorríamos milhas sem nenhuma recompensa. Nessa ocasião, eu chegara ao ponto de não ter nenhum prazer com cenários que não desafiassem a câmera de Weston, e assim ele não corria grande risco quando se recostava no assento do carro e dizia: "Não estou dormindo, só descansando os olhos"; sabia que meus olhos estavam a seu serviço e que, assim que algo com um aspecto de "Weston" surgisse, eu pararia o carro e o acordaria.

Charis Weston, citada por Ben Maddow em
Edward Weston: Cinquenta anos, 1973

SX-70 DA POLAROID. ELA NÃO VAI DEIXAR VOCÊ PARAR. DE REPENTE, VOCÊ VÊ UMA FOTO ONDE QUER QUE OLHE [...]

Então, você aperta o botão elétrico vermelho. Um ronco... um zumbido... e lá está. Você vê sua foto nascer, ganhar cada vez mais nitidez, mais detalhes, até que, minutos depois, tem nas mãos uma cópia real como a vida. Logo está tirando rajadas de instantâneos — a uma velocidade de até 1,5 segundo! — enquanto busca ângulos novos ou tira cópias no próprio local. A SX-70 se torna uma parte de você, porque desliza pela vida sem nenhum esforço...

Publicidade, 1975

[...] olhamos a foto, a imagem em nossa parede, como o próprio objeto (o homem, a paisagem e assim por diante) ali retratado.

Isso não precisaria ser assim. Poderíamos facilmente imaginar pessoas que não tinham essa relação com tais fotos. Pessoas que, por exemplo, sentiriam repulsa por fotos, porque um rosto sem cor e até, talvez, um rosto em dimensões reduzidas os chocaria como algo desumano.

Wittgenstein

SERÁ UM RETRATO INSTANTÂNEO DE...
o teste destrutivo de um eixo?
a proliferação de um vírus?

um dispensável efeito de laboratório?
o cenário do crime?
o olho de uma tartaruga marinha?
um gráfico de vendas dividido por seções?
aberrações cromossômicas?
a página 173 da Anatomia, de Gray?
um eletrocardiograma descartado?
um efeito de luz na arte do sombreamento?
o trimilionésino selo de Eisenhower de oito centavos?
uma fratura na quarta vértebra da espessura de um fio de
*   cabelo?*
uma cópia daquele insubstituível diapositivo de 35 mm?
o seu novo díodo, ampliado treze vezes?
uma metalografia de aço de vanádio?
um diagrama reduzido para mecânicos?
um nódulo de linfa ampliado?
o resultado da eletroforese?
a pior aclusão do mundo?
a aclusão mais bem corrigida do mundo?

Como você pode ver pela lista [...] não há limite para o tipo de material que as pessoas precisam registrar. Felizmente, como você pode ver pela lista das câmeras Polaroid Land, abaixo, quase não existe limite para o tipo de registro fotográfico que se pode obter. E, como você os obtém na hora, se algo estiver faltando, pode fotografar de novo, ali mesmo...

Publicidade, 1976

Um objeto que revela a perda, a destruição, o desaparecimento de objetos. Não fala de si mesmo. Fala de outros. Incluirá os outros?

Jasper Johns

Belfast, Irlanda do Norte — O povo de Belfast está comprando, às centenas, cartões-postais com fotos dos tormentos padecidos pela cidade. O mais popular mostra um menino jogando uma pedra contra um carro blindado britânico. [...] outros cartões mostram casas incendiadas, tropas em posição de combate nas ruas da cidade e crianças que brincam no meio de detritos fumegantes. Cada cartão custa aproximadamente 25 centavos nas três lojas Gardener.

"Mesmo por esse preço, as pessoas os adquirem em maços de cinco ou seis de uma só vez", disse Rose Lehane, gerente da loja. A sra. Lehane disse que cerca de mil cartões foram vendidos em quatro dias.

Como Belfast tem poucos turistas, disse ela, a maioria dos compradores são pessoas do local, em geral homens jovens que querem os cartões como "suvenires".

Neil Shawcross, um homem de Belfast, comprou duas coleções completas desses cartões, explicando: "Acho que são lembranças interessantes da época, e quero que meus dois filhos os tenham quando crescerem".

"Os cartões são bons para as pessoas", disse Alan Gardener, diretor da rede de lojas. "Muita gente em Belfast tenta enfrentar a situação fechando os olhos e fingindo que o problema não existe. Talvez algo assim os abale e os faça ver, de novo."

"Perdemos muito dinheiro com os conflitos, nossas lojas foram bombardeadas e incendiadas", acrescentou o sr. Gardener. "Se pudermos obter algum dinheiro em troca dos conflitos, será muito bom."

Trecho de "Cartões-postais da luta em Belfast são sucesso de vendas", publicado no *New York Times*, em 29 de outubro de 1974

A fotografia é um instrumento para lidar com coisas que todos sabem mas a que não prestam atenção. Minhas fotos tencionam representar algo que não se vê.

Emmet Gowin

A câmera é um modo fluido de encontrar essa outra realidade.

Jerry N. Uelsmann

Oswiecim, Polônia — Cerca de trinta anos após o fechamento do campo de concentração de Auschwitz, o horror subjacente ao local parece atenuado pelas barraquinhas de suvenires, pelas placas de Pepsi-Cola e pela atmosfera de atração turística.

Apesar da gélida chuva de outono, milhares de poloneses e alguns estrangeiros visitam Auschwitz todos os dias. A maioria usa roupas da moda e é obviamente jovem demais para se lembrar da Segunda Guerra Mundial.

Marcham junto aos antigos alojamentos de prisioneiros, câmaras de gás e crematórios, olham com interesse exposições horripilantes como uma enorme vitrine repleta de cabelo humano que os S S usavam para fazer tecidos. [...] Nas barraquinhas de suvenires, os visitantes podem comprar uma variedade de broches de lapela, em alemão e em polonês, ou cartões-postais que mostram câmaras de gás e crematórios, e até canetas esferográficas que são suvenires de Auschwitz e que, postas contra a luz, revelam imagens do mesmo tipo.

Trecho de "Em Auschwitz, uma dissonante atmosfera de turismo", publicado no *New York Times*, em 3 de novembro de 1974

Os meios de comunicação tomaram o lugar do mundo antigo. Mesmo que quiséssemos recuperar esse mundo antigo, só pode-

ríamos fazê-lo por meio de um estudo intensivo das maneiras como os meios de comunicação o engoliram.

Marshall McLuhan

[...] Muitos visitantes eram do campo e outros, sem familiaridade com os costumes da cidade, espalharam jornais sobre o asfalto no lado oposto do fosso do palácio, desembrulharam o lanche trazido de casa e seus pauzinhos de comer e lá ficaram sentados, comendo e conversando, enquanto a multidão vagava. A mania dos japoneses de tirar fotografias tornou-se uma febre sob o ímpeto do pano de fundo oferecido pelos jardins do palácio. A julgar pelo contínuo estalar dos obturadores, não só todas as pessoas presentes mas também todas as folhas de grama devem estar, agora, em todos os seus aspectos, registradas em filme fotográfico.

Trecho de "O Japão aproveita três feriados na 'Semana Dourada' tirando uma semana de férias do trabalho", publicado no *New York Times*, em 3 de maio de 1977

Estou sempre fotografando tudo mentalmente, como um exercício.

Minor White

Os daguerreótipos de todas as coisas estão preservados [...] as estampas de tudo o que existe vivem, disseminadas nas várias regiões do espaço infinito.

Ernest Renan

Essas pessoas vivem de novo, em forma impressa, de modo tão intenso quanto no momento em que suas imagens foram capturadas nas antigas chapas secas de sessenta anos atrás. [...] Eu caminho nos seus becos, estou dentro dos seus quartos, de suas barracas e oficinas, olho através de suas janelas para dentro e para fora. E elas, em troca, parecem cientes de minha presença.

Ansel Adamsn, no prefácio de *Jacob Riis*:
Fotógrafo e cidadão, 1974

Assim, temos na câmera fotográfica a ajuda mais confiável para um começo de visão objetiva. Todos serão compelidos a ver que aquilo que é opticamente verdadeiro é explicável em seus próprios termos, é objetivo, antes que se possa chegar a qualquer posição subjetiva possível. Isso irá abolir aquele padrão de associação pictórica e imaginativa que permaneceu insuperado durante séculos e que foi impresso em nossa visão por grandes pintores.

Fomos — por cem anos de fotografia e duas décadas de filme — imensamente enriquecidos a esse respeito. PODEMOS DIZER QUE VEMOS O MUNDO COM OLHOS COMPLETAMENTE DIFERENTES. No entanto o resultado total até agora redunda em pouco mais do que um empreendimento enciclopédico visual. Isso não é o bastante. Queremos PRODUZIR sistematicamente, pois é importante para a vida que criemos novas relações.

László Moholy-Nagy, 1925

Qualquer um que conheça o valor da afeição familiar nas classes sociais inferiores e tenha visto uma coleção de pequenos retratos pregados acima da lareira de um trabalhador [...] sentirá talvez comigo que, em contraposição às tendências sociais e industriais que todos os dias solapam as afeições familiares mais saudáveis, a foto de seis pence faz mais em favor dos pobres do que toda a filantropia do mundo.

Macmillan's Magazine
(Londres), setembro de 1871

Quem, na opinião dele, compraria uma câmera de filmar de revelação instantânea? Dr. Land vê na dona de casa uma boa cliente em potencial. "Ela só precisa mirar a câmera, pressionar o obturador e em minutos reviver o momento gracioso do seu filho, ou talvez a festa de aniversário. Além disso, há um grande número de pessoas que prefere imagens a equipamentos. Praticantes de golfe e tênis podem avaliar suas jogadas por meio de uma repetição imediata da cena; na indústria, na escola e em outros setores, a repetição imediata da cena, associada a um equipamento de fácil manuseio, seria de grande serventia. [...] As fronteiras da Polavision são tão amplas quanto a sua imaginação. Não há fim para os empregos que serão descobertos para esta e para as futuras câmeras Polavision.

Trecho de "Uma prévia das novas câmeras de filmar de revelação instantânea da Polaroid", publicado no *New York Times*, em 8 de maio de 1977

A maioria dos reprodutores modernos da vida, incluindo a câmera, na verdade a repudiam. Engolimos o mal, engasgamos com o bem.

Wallace Stevens

A guerra me atirou, como soldado, no centro de uma atmosfera mecânica. Ali, descobri a beleza do fragmento. Senti uma nova realidade no detalhe de uma máquina, no objeto comum. Tentei encontrar o valor plástico desses fragmentos de nossa vida moderna. Eu os redescobri na tela, em closes de objetos que me impressionaram e me influenciaram.

Fernand Léger, 1923

575,20 CAMPOS DE FOTOGRAFIA
  aerofotografia, fotografia aérea
  astrofotografia

cinefotomicrografia

cinematografia

cistofotografia

cromofotografia

cronofotografia

escultografia

espectro-heliografia

espectrofotografia

esquiagrafia

fonofotografia

fotografia em miniatura

fotografia em raio X

fotografia estroboscópica

fotografia indiscreta

fotografia infravermelha

fotogrametria

fotomicrografia

fotoespectro-heliografia

fototipia

fototipografia

fototopografia

heliofotografia

macrofotografia

microfotografia

pirofotografia

radiofotografia

radiografia

telefotografia

uranofotografia

de *Roget's International Thesaurus*, 3ª ed.

O PESO DAS PALAVRAS. O IMPACTO DAS FOTOS.

Paris-Match, publicidade

4 de junho de 1875 — Vi hoje, no hotel Drouot, a primeira venda de fotos. Tudo está ficando preto neste século e a fotografia parece a roupa preta das coisas.

15 de novembro de 1861 — Às vezes acho que virá o dia em que todas as nações modernas adorarão uma espécie de deus americano, um deus que viveu como um ser humano e sobre o qual muita coisa se escreveu na imprensa popular: imagens desse deus serão erguidas nas igrejas, não como a imaginação de cada pintor individual possa inventá-lo, não a flutuar num manto de Verônica, mas fixadas de uma vez por todas pela fotografia. Sim, prevejo um deus fotografado, que usa óculos.

Trecho de *Diários*, de Edmond e Jules de Goncourt

Na primavera de 1921, duas máquinas fotográficas automáticas, recentemente inventadas no exterior, foram instaladas em Praga e reproduziram seis ou sete exposições da mesma pessoa em uma mesma cópia.

Quando levei uma dessas séries de fotos para Kafka, eu disse, alegre:

— Por umas poucas coroas, qualquer pessoa pode se fazer fotografar de todos os ângulos. O aparelho é um conhece-te a ti mesmo *mecânico.*

— Você quer dizer um engane-te a ti mesmo *— retrucou Kafka, com um ligeiro sorriso. Protestei:*

— Como assim? A câmera não pode mentir!

— Quem lhe disse? — Kafka inclinou a cabeça na direção do ombro. — A fotografia concentra o olho no superficial. Por isso

obscurece a vida oculta que reluz de leve através do contorno das coisas, como um jogo de luz e sombra. Não se pode captar isso, mesmo com a mais nítida das lentes. É preciso tatear com o sentimento para alcançá-la. [...] Essa câmera automática não multiplica os olhos dos homens, apenas oferece a visão de um olho de mosca fantasticamente simplificada.

Trecho de *Conversas com Kafka*,
de Gustav Janouch

A vida sempre parece inteiramente presente na epiderme de seu corpo: vitalidade pronta para ser extraída por inteiro ao fixar o instante, ao registrar um sorriso breve e abatido, um estremecimento da mão, um fugaz raio de sol através das nuvens. E nenhum instrumeno, exceto a câmera, é capaz de registrar reações tão complexas e efêmeras e expressar toda a majestade do momento. Mão nenhuma pode expressá-lo, porque a mente não consegue reter a verdade imutável de um momento por tempo bastante para permitir que os dedos vagarosos anotem a vasta quantidade de detalhes relacionados. Os impressionistas tentaram em vão alcançar a notação. Pois, de forma consciente ou não, o que almejavam demonstrar com seus efeitos de luz era a verdade dos momentos; o impressionismo sempre procurou fixar a maravilha do aqui e do agora. Mas os efeitos momentâneos de iluminação escapavam a eles, enquanto se achavam ocupados em analisar; e sua "impressão" permanece, em geral, uma série de impressões sobrepostas umas às outras. Stieglitz era mais bem orientado. Ia direto ao instrumento fabricado para ele.

Paul Rosenfeld

A câmera é meu instrumento. Através dela dou uma razão a tudo o que me rodeia.

André Kertész

Um duplo nivelamento por baixo, ou um método de nivelar por baixo que trai a si mesmo

Com o daguerreótipo, todos poderão ter o seu próprio retrato — antes, eram só as pessoas proeminentes; e ao mesmo tempo tudo é feito para nos dar um aspecto exatamente igual — de sorte que só precisaremos de um retrato.

Kierkegaard, 1854

Fazer foto de um caleidoscópio.

William H. Fox Talbot, anotação de 18 de fevereiro de 1839

1ª EDIÇÃO [2004] 16 reimpressões

ESTA OBRA FOI COMPOSTA PELA SPRESS EM MINION
E IMPRESSA PELA GRÁFICA BARTIRA EM OFSETE SOBRE PAPEL PÓLEN
DA SUZANO S.A. PARA A EDITORA SCHWARCZ EM ABRIL DE 2024

A marca FSC® é a garantia de que a madeira utilizada na fabricação do papel deste livro provém de florestas que foram gerenciadas de maneira ambientalmente correta, socialmente justa e economicamente viável, além de outras fontes de origem controlada.